月　日

小学校漢字の読み

点

合格点：80点／100点

1 次の太字の漢字の読みがなを書きなさい。（5点×20）

(1) 新しく店を**構**える。

(2) 地中海**沿岸**の国々。

(3) **呼吸**を整える。

(4) 近所の**銭湯**へ行く。

(5) **武者**震《ぶる》いをする。

(6) **善**い行いを心《こころ》掛《が》ける。

(7) 勉強への**意欲**がわく。

(8) **垂直**に線を引く。

(9) **温暖**な気候の土地。

(10) 鎌倉《かまくら》に**幕府**を開く。

(11) **大規模**な地震《じしん》が起きる。

(12) **貴重**な体験をする。

(13) 歴代の**天皇**について調べる。

(14) **総額**三億円の予算。

(15) 旅客機《りょかっき》を**操縦**する。

(16) **臨時**に人を雇《やと》う。

(17) 欠席した**訳**を話す。

(18) 王家の**秘宝**が展示される。

(19) 敵を**背後**から襲《おそ》う。

(20) **正座**して話を聞く。

得点UP

1 (5) 「武者震い」は、「戦いや重要な場面で、興奮のため体が震えること」の意味。
(12) 「貴重」の「重」は、「尊重」「慎《しん》重」の「重」と同じ読み方で読む。

START　GOAL

小学校漢字の書き

点
合格点：80 点／100 点

1 次の太字のカタカナを漢字で書きなさい。（5点×20）

(1) 木の**ミキ**に寄りかかる。（　　）
(2) **ジュンジョ**よく説明する。（　　）
(3) 長年の**ケイケン**を生かす。（　　）
(4) 国民**シュクシャ**に泊《と》まる。（　　）
(5) **ルスバン**を頼《たの》まれる。（　　）
(6) **キョウイ**を測る。（　　）
(7) **ジッサイ**にあった話を聞く。（　　）
(8) **ベントウ**を持参する。（　　）
(9) **ケンチョウ**所在地を調べる。（　　）
(10) 相手の**ジョウケン**をのむ。（　　）
(11) 運転**ギジュツ**が高い。（　　）
(12) **ギモンテン**を挙げる。（　　）
(13) **ドウソウカイ**を開く。（　　）
(14) **フクツウ**を訴《うった》える。（　　）
(15) 運転速度を**セイゲン**する。（　　）
(16) 交通事故の**シボウシャ**。（　　）
(17) 遠足が**エンキ**される。（　　）
(18) **シセイ**を正して座《すわ》る。（　　）
(19) あの人は温和な**セイカク**だ。（　　）
(20) 木材を**ユニュウ**する。（　　）

得点UP

1 (4)「シュクシャ」は、「旅行先などで泊まるところ」の意味。
(20)「ユニュウ」の「ユ」は、形の似た「輸」と書き間違《まちが》えないようにする。

START　GOAL

一字漢字の読み①

点

合格点：80点／100点

1 次の太字の漢字の読みがなを書きなさい。（5点×20）

(1) **皆**で話し合う。（　　）
(2) スタンプを**押**す。（　　）
(3) 今日の天気は、**曇**りだ。（　　）
(4) 寒さで体が**震**える。（　　）
(5) 雨の**滴**が垂れる。（　　）
(6) 口笛を**吹**く。（　　）
(7) 上着を**脱**ぐ。（　　）
(8) **隣**の席の人と話す。（　　）
(9) 指にとげが**刺**さる。（　　）
(10) 桜の花が**咲**く。（　　）

(11) 商品の代金を**払**う。（　　）
(12) 太陽が雲に**隠**れる。（　　）
(13) 額の**汗**をぬぐう。（　　）
(14) 教室の**床**をふく。（　　）
(15) **眠**い目をこする。（　　）
(16) **黙**って作業をする。（　　）
(17) **雷**が落ちる。（　　）
(18) **叫**び声を上げる。（　　）
(19) 事件の核《かく》心《しん》に**触**れる。（　　）
(20) 日照りで草木が**枯**れる。（　　）

得点UP

1 (5)「滴」の音読みは、同じ部分をもつ「適」「敵」「摘」と同じ「テキ」。「水滴・点滴」などのように使う。
(19)「触」は、訓読みが二つあるので注意。「触る」は「さわ（る）」と読む。

一字漢字の読み②

点

合格点：80点／100点

1 次の太字の漢字の読みがなを書きなさい。（5点×20）

(1) いすに**腰**を下ろす。

(2) 豆を**煮**る。

(3) **互**いに助け合う。

(4) 意外な出来事に**驚**く。

(5) ダンスを**踊**る。

(6) 犬が**尾**を振《ふ》る。

(7) **鬼**ごっこをして遊ぶ。

(8) 引き出しの**奥**を探す。

(9) **詳**しい説明を受ける。

(10) 試験の合格を**祈**る。

(11) 母と**娘**とで語り合う。

(12) 祖父母の家に**泊**まる。

(13) 宝石が**盗**まれる。

(14) 目つきが**鋭**い。

(15) **沼**で釣《つ》りをする。

(16) **更**に努力を続ける。

(17) **敷**き布《ぶ》団《とん》を干す。

(18) 入部の**勧**めを断る。

(19) 力を出し**尽**くす。

(20) 大は小を**兼**ねる。

得点UP

1 (5)「踊る」は、「音楽などに合わせて体を動かす」とき、同訓異字の「躍る」は、「勢いよくとび上がる」ときに使う。
(17)「敷き」は「ひ（き）」と答えないように注意。正しい読み方と表記を覚える。

一字漢字の読み③

点
合格点：80点／100点

1 次の太字の漢字の読みがなを書きなさい。（5点×20）

(1) 品物を丁寧《ていねい》に**扱**う。（　　）
(2) 大わしが**翼**を広げる。（　　）
(3) **斜**め向かいの家。（　　）
(4) 息を大きく**吐**く。（　　）
(5) 相手に気を**遣**う。（　　）
(6) ステーキに野菜を**添**える。（　　）
(7) 新しい生活を思い**描**く。（　　）
(8) 水を口に**含**む。（　　）
(9) あの人は**怒**り肩《がた》だ。（　　）
(10) 新居へ引っ**越**す。（　　）

(11) 太陽が西に**傾**く。（　　）
(12) 人に道を**尋**ねられる。（　　）
(13) **粒**の大きないちごを買う。（　　）
(14) 心を**込**めて歌う。（　　）
(15) 敵のチームを**攻**める。（　　）
(16) 車のハンドルを**握**る。（　　）
(17) 踏《ふ》み切りを**渡**る。（　　）
(18) 犬を**鎖**でつなぐ。（　　）
(19) 歩き過ぎて**疲**れる。（　　）
(20) 訪問者が**跡**を絶たない。（　　）

得点UP

1 (9)「怒り肩」とは、角張って上がっている形の肩のこと。「怒」は「おこ(る)」とも読むが、「おこり肩」とは言わない。
(15)「攻める」は、「戦いをしかける」の意味。「非難する」の意味の同訓異字「責める」と使い分ける。

一字漢字の読み④

点
合格点：80点／100点

1 次の太字の漢字の読みがなを書きなさい。（5点×20）

(1) 裁判所に**訴**える。（　　）
(2) 体の力を**抜**く。（　　）
(3) **透**き通った川の水。（　　）
(4) **畳**の部屋に案内される。（　　）
(5) 雑草を**刈**り取る。（　　）
(6) 新緑が目に**鮮**やかだ。（　　）
(7) 暑さも**峠**を越《こ》した。（　　）
(8) 危険を**避**ける。（　　）
(9) 耳を**澄**ます。（　　）
(10) 川の水が**濁**る。（　　）
(11) 味付けが**濃**い。（　　）
(12) 人前で**恥**をかく。（　　）
(13) バットを大きく**振**る。（　　）
(14) 友人関係に**悩**む。（　　）
(15) 部屋に絵を**飾**る。（　　）
(16) 車のシートを後ろに**倒**す。（　　）
(17) お客様がお茶を**召**し上がる。（　　）
(18) 母の誕生日に花を**贈**る。（　　）
(19) 先生のお話を**伺**う。（　　）
(20) **珍**しい野鳥を見かける。（　　）

得点UP

1 (7)「峠を越す」は、「物事の最も盛《さか》んな時期や危険な時期が過ぎる」の意味。
(12)「恥」は、「恥じる」と送りがなが付く訓読みとの読み方の違《ちが》いに注意する。

No. 07

一字漢字の読み⑤

点

合格点：80点／100点

1 次の太字の漢字の読みがなを書きなさい。（5点×20）

(1) 洗濯物《せんたくもの》を**乾**かす。（　　）

(2) **淡**い色合いのスカーフ。（　　）

(3) かばんに荷物を**詰**める。（　　）

(4) 食糧《しょくりょう》を**蓄**える。（　　）

(5) 駅まで**駆**け足で行く。（　　）

(6) **忙**しい毎日を送る。（　　）

(7) 真夏の太陽が**輝**く。（　　）

(8) 空中にほこりが**舞**う。（　　）

(9) テレビが**壊**れる。（　　）

(10) 食べ物が暑さで**腐**る。（　　）

(11) 役員が入れ**替**わる。（　　）

(12) 兄より体力が**劣**る。（　　）

(13) 良い案が思い**浮**かぶ。（　　）

(14) コップをお**盆**に載《の》せる。（　　）

(15) グラスの氷が**溶**ける。（　　）

(16) 山へ**狩**りに出かける。（　　）

(17) 教室内が**騒**がしい。（　　）

(18) 厳しい練習に**耐**える。（　　）

(19) 台風が島を**襲**う。（　　）

(20) 初舞台《はつぶたい》を**踏**む。（　　）

得点UP

1 (2)「淡い」は、「色や味などが薄《うす》い。物の形などがかすれてはっきりしない」の意味。
(20)「踏む」は、ここでは「実際に経験する」の意味。「場数《ばかず》を踏む」などのようにも使う。

熟語の読み①

点

合格点：80点／100点

1 次の太字の漢字の読みがなを書きなさい。（5点×20）

(1) お**菓子**を食べる。（　　）

(2) 荷物を**搬入**する。（　　）

(3) 権力に**抵抗**する。（　　）

(4) 母校を**応援**する。（　　）

(5) 遺跡《いせき》の**発掘**が行われる。（　　）

(6) 友人に**近況**を報告する。（　　）

(7) ドラマの**脚本**を読む。（　　）

(8) 店の**軒先**で雨宿りする。（　　）

(9) 下級生の**模範**となる。（　　）

(10) 何事も論より**証拠**だ。（　　）

(11) **壁紙**を張り替《か》える。（　　）

(12) 質問に**即座**に答える。（　　）

(13) まだ練習の**途中**だ。（　　）

(14) **桃色**のスカーフを巻く。（　　）

(15) **彼女**は僕《ぼく》の同級生だ。（　　）

(16) **市販**の風邪薬《かぜぐすり》を飲む。（　　）

(17) **先輩**にあいさつする。（　　）

(18) **堅実**な手段を取る。（　　）

(19) 深夜の騒音《そうおん》に**迷惑**する。（　　）

(20) 敵の**攻撃**をかわす。（　　）

得点UP

1 (2)「搬」は、同じ部分をもつ「般」と同じ音読み。「搬」には「物をほかの場所に移す」の意味がある。
(18)「堅実」は、「やり方や考え方が確かで、危なげのないこと」の意味。「堅」の訓読みは「かた（い）」。

熟語の読み②

点

合格点：80点／100点

1 次の太字の漢字の読みがなを書きなさい。（5点×20）

(1) 皆《みな》で**祝杯**をあげる。（　　）

(2) **煙突**から煙《けむり》が上る。（　　）

(3) **薄紫**のワンピースを着る。（　　）

(4) 強敵を相手に**健闘**する。（　　）

(5) 長年の怒《いか》りが**爆発**する。（　　）

(6) **髪型**を変える。（　　）

(7) 新商品に注文が**殺到**する。（　　）

(8) 泣くのを**我慢**する。（　　）

(9) **帽子**をかぶって出かける。（　　）

(10) 七月の**下旬**に旅行する。（　　）

(11) 両親に友人を**紹介**する。（　　）

(12) **優秀**な成績を収める。（　　）

(13) 新聞の**連載**小説を読む。（　　）

(14) 空気が**乾燥**する。（　　）

(15) **拍手**をして出迎《でむか》える。（　　）

(16) **環境**問題に取り組む。（　　）

(17) 話の**矛盾**を指摘《してき》する。（　　）

(18) **朝霧**が立ち込《こ》める。（　　）

(19) インターネットが**普及**する。（　　）

(20) **迫力**ある演技に感動する。（　　）

得点UP

1 (4) 「健闘」は、「一生懸命《けんめい》にがんばってたたかうこと」の意味。「闘」の訓読みは「たたか（う）」。
(17) 「矛盾」は、「物事のつじつまが合わないこと」の意味で、中国の故事からできた言葉。

熟語の読み③

点

合格点：80点／100点

1 次の太字の漢字の読みがなを書きなさい。（5点×20）

(1) **微熱**が出て、だるい。（　　）

(2) 飛行機が**胴体**着陸する。（　　）

(3) 温かい**人柄**に触《ふ》れる。（　　）

(4) **肩幅**の狭《せま》い上着を選ぶ。（　　）

(5) **噴水**の前で待ち合わせる。（　　）

(6) **平凡**な毎日を送る。（　　）

(7) **年齢**を聞かれる。（　　）

(8) **解答欄**に記入する。（　　）

(9) **雌雄**を決する戦いとなる。（　　）

(10) **距離**を置いて付き合う。（　　）

(11) クラスで**連絡網**を作る。（　　）

(12) 地《じ》震《しん》の**被災地**を訪《おとず》れる。（　　）

(13) **冒険**の旅に出かける。（　　）

(14) 彼《かれ》は**記憶力**が良い。（　　）

(15) 隣《となり》の店と値段を**比較**する。（　　）

(16) 怪《あや》しい人物を**警戒**する。（　　）

(17) 相手の気持ちに**配慮**する。（　　）

(18) 脳《のう》外《げ》科《か》の**権威**が執《しっ》刀《とう》する。（　　）

(19) 周囲によい**影響**を与《あた》える。（　　）

(20) おみくじで**大凶**を引く。（　　）

得点UP

1 (9) この場合の「雌雄」は、「勝ちと負け」の意味。訓読みは「雌」は「めす・め」、「雄」は「おす・お」。

(18) 「権威」は、ここでは人を指して「ある分野で実力があって非常に優《すぐ》れている人。大《たい》家《か》」の意味。

START　GOAL

熟語の読み④

点
合格点：80点／100点

1 次の太字の漢字の読みがなを書きなさい。（5点×20）

(1) **行儀**よく振《ふ》る舞《ま》う。（　　）
(2) **特徴**のある話し方をする。（　　）
(3) 世界で**活躍**する実業家。（　　）
(4) **名誉**ある賞をもらう。（　　）
(5) **慎重**に行動する。（　　）
(6) 金銭の**奴隷**となる。（　　）
(7) **奇妙**な出来事が続く。（　　）
(8) 事件の**経緯**を説明する。（　　）
(9) 現在の体重を**維持**する。（　　）
(10) **是非**、参加してほしい。（　　）
(11) 冷たい**井戸水**をくむ。（　　）
(12) **扇風機**をつける。（　　）
(13) 彼《かれ》は**敏腕**な新聞記者だ。（　　）
(14) **甘酒**を飲む。（　　）
(15) 仕事の**依頼**を受ける。（　　）
(16) 親切な**行為**に感謝する。（　　）
(17) 練習を**継続**する。（　　）
(18) サーカスの**猛獣**使い。（　　）
(19) **海浜**の植物を観察する。（　　）
(20) 祖母の**知恵**を借りる。（　　）

得点UP
1 (8)「経緯」は、「物事の入り組んだ事情。いきさつ」の意味。
(13)「敏腕」は、「物事をてきぱき処理する能力があること。その腕前《うでまえ》」の意味。

熟語の読み⑤

点
合格点：80点／100点

1 次の太字の漢字の読みがなを書きなさい。（5点×20）

(1) 絵画を**鑑賞**する。（　　）
(2) **涙声**で訴《うった》えかける。（　　）
(3) **退屈**なので、外出する。（　　）
(4) **漁獲量**が減少する。（　　）
(5) **陰暦**を用いる。（　　）
(6) ほんの**一瞬**の出来事。（　　）
(7) けがの**治療**を行う。（　　）
(8) **恐怖心**がわき起こる。（　　）
(9) 左右**対称**に造られた建物。（　　）
(10) 生活の**基盤**を築く。（　　）
(11) ごみを**焼却**する。（　　）
(12) **荒波**にもまれる。（　　）
(13) 全員の意見が**一致**する。（　　）
(14) 野原に夏草が**繁茂**する。（　　）
(15) 夜空に**稲光**が走る。（　　）
(16) 体調はもう**大丈夫**だ。（　　）
(17) **歓迎会**が開かれる。（　　）
(18) **脂肪分**の多い牛乳。（　　）
(19) 絵を**額縁**に入れて飾《かざ》る。（　　）
(20) **執念**をもってやり遂《と》げる。（　　）

得点UP
1 (5)「陰暦」は、月の満ち欠けを基準に作った暦《こよみ》で、明治時代の初期まで使われていた。「旧暦」「太陰暦」とも言う。
(14)「繁茂」は、「草木が生《お》い茂《しげ》ること」の意味。

特別な読み方

点

合格点：80点／100点

1 次の太字の漢字の特別な読み方を書きなさい。（5点×20）

(1) **今朝**は、早起きした。（　　）
(2) **雪景色**を眺《なが》める。（　　）
(3) 新しい**眼鏡**を買う。（　　）
(4) **最寄り**の駅まで歩く。（　　）
(5) 昆虫《こんちゅう》**博士**と呼ばれる。（　　）
(6) **河原**でのバーベキュー。（　　）
(7) **七夕**の日に短冊《たんざく》を書く。（　　）
(8) 父が**息子**に語りかける。（　　）
(9) 今日は**五月晴**れだ。（　　）
(10) **笑顔**で写真に写る。（　　）
(11) **梅雨**が明ける。（　　）
(12) 新鮮《しんせん》な**果物**を食べる。（　　）
(13) **紅葉**のような幼児の手。（　　）
(14) **心地**よい風が吹《ふ》く。（　　）
(15) 山の**岩清水**を飲む。（　　）
(16) 近所の**八百屋**に行く。（　　）
(17) 犬の**尻尾**。（　　）
(18) **二十歳**のお祝いをする。（　　）
(19) **迷子**の子供が泣き叫《さけ》ぶ。（　　）
(20) 仕事を**手伝**う。（　　）

得点UP

1 (2)は「景色」、(15)は「清水」が特別な読み方の言葉であることに注意。
(11)「梅雨」は「ばいう」、(18)「二十歳」は「にじっさい」ではなく、ここでは特別な読み方を答える。

複数の音読みをもつ漢字

点
合格点：80点／100点

1 次の太字の漢字の読みがなを書きなさい。（5点×20）

(1)
ア　安全**装置**が働く。（　　）
イ　花嫁《はなよめ》**衣装**を選ぶ。（　　）

(2)
ア　**自己**満足に浸《ひた》る。（　　）
イ　十年来の**知己**に会う。（　　）

(3)
ア　祖父の**遺書**を読む。（　　）
イ　**遺言状**を残す。（　　）

(4)
ア　**紅白**のまんじゅう。（　　）
イ　**真紅**のドレスを着る。（　　）

(5)
ア　**処罰**を受ける。（　　）
イ　**罰当**たりな行為《こうい》。（　　）

(6)
ア　**土砂**崩《くず》れが起きる。（　　）
イ　**砂丘**を訪《おとず》れる。（　　）

(7)
ア　**寝坊**して慌《あわ》てる。（　　）
イ　彼《かれ》は良家の**坊**ちゃんだ。（　　）

(8)
ア　朝食に**納豆**を食べる。（　　）
イ　商品を**納入**する。（　　）

(9)
ア　長い**歳月**がかかる。（　　）
イ　恩師にお**歳暮**を贈《おく》る。（　　）

(10)
ア　**御用件**を承《うけたまわ》る。（　　）
イ　欲望を**制御**する。（　　）

得点UP

1 (8)「納」の音読みには、**ア**・**イ**の読み方のほかに「トウ」という読み方もある。
(10) **ア**の読み方では「御飯・御所」、**イ**の読み方では「御意・防御」などの熟語もある。

START　GOAL

複数の訓読みをもつ漢字

点

合格点：80点／100点

1 次の太字の漢字の読みがなを書きなさい。（5点×20）

(1)
ア　今年の桜の開花は**遅**い。（　　）
イ　電車の到着《とうちゃく》が**遅**れる。（　　）

(2)
ア　泥棒《どろぼう》を**捕**まえる。（　　）
イ　獲物《えもの》を**捕**らえる。（　　）

(3)
ア　台の上から**跳**ぶ。（　　）
イ　池の魚が**跳**ねる。（　　）

(4)
ア　走って**逃**げる。（　　）
イ　責任を**逃**れる。（　　）

(5)
ア　兄の力を**頼**る。（　　）
イ　妹に用事を**頼**む。（　　）

(6)
ア　過半数を**占**める。（　　）
イ　今年の運勢を**占**う。（　　）

(7)
ア　視野が**狭**い。（　　）
イ　選択肢《せんたくし》が**狭**まる。（　　）

(8)
ア　疑問を**抱**く。（　　）
イ　旧友を**抱**きしめる。（　　）
ウ　荷物を腕《うで》に**抱**える。（　　）

(9)
ア　バイオリンを**弾**く。（　　）
イ　友人との話が**弾**む。（　　）
ウ　鉄砲《てっぽう》に**弾**を込《こ》める。（　　）

得点UP

1 (2)　ア・イ共に送りがなも正しく覚える。どちらも「捕える」ではないので注意。
(8)　ア「抱く」は、「心の中に考えや気持ちをもつ」の意味。「不安」や「理想」に対しても使う。

誤りやすい読み①

点

合格点：80 点／100 点

1 次の太字の漢字の読みがなを書きなさい。（5点×20）

(1) 三月**半**ばが締《し》め切りだ。（　　）

(2) 留学できるなら**本望**だ。（　　）

(3) 社員を**若干名**採用する。（　　）

(4) **河川**の水位が下がる。（　　）

(5) 最後の場面が**圧巻**だ。（　　）

(6) **血眼**になって探す。（　　）

(7) 旅費を**工面**する。（　　）

(8) ものすごい**形相**でにらむ。（　　）

(9) **夏至**の日が近づく。（　　）

(10) 悪《あっ》口《こう》**雑言**を浴びせられる。（　　）

(11) 美の**化身**と呼ばれる女優。（　　）

(12) 上司から目の**敵**にされる。（　　）

(13) 日常**茶飯事**の出来事だ。（　　）

(14) 現金を**出納**する。（　　）

(15) 激しい**戦**が起きた土地。（　　）

(16) 人前で**体裁**を取り繕《つくろ》う。（　　）

(17) **機織**り機で布を織る。（　　）

(18) **早速**練習を始める。（　　）

(19) 一見に**値**する作品だ。（　　）

(20) 祖母の死に**号泣**する。（　　）

得点UP

1 (10) 「悪口雑言」は、「様々な悪口」の意味。「雑」も「言」も二つの音読みがあるので、正しく読むようにする。
(13) 「茶飯事」は、毎日茶を飲み、飯を食べることから、「普《ふ》段《だん》しているありふれた事《こと》柄《がら》」の意味を表す。

誤りやすい読み②

点

合格点：80点／100点

1 次の太字の漢字の読みがなを書きなさい。（5点×10）

(1) 渡来《とらい》品が**珍重**される。（　　）
(2) 出世**街道**を突《つ》き進む。（　　）
(3) 剣《けん》の**極意**を授《さず》かる。（　　）
(4) 事件の**発端**を調べる。（　　）
(5) **仮病**を使って休む。（　　）
(6) 今年の**抱負**を語る。（　　）
(7) **素性**が知れない人物。（　　）
(8) **雑踏**に紛《まぎ》れる。（　　）
(9) 秘密が**暴露**される。（　　）
(10) **柔和**な人柄《ひとがら》が好まれる。（　　）

2 次の太字の漢字の読みがなを書きなさい。（5点×10）

(1)
ア 五か国語を**操**る。（　　）
イ ページを**繰**る。（　　）

(2)
ア 両者の**違**いを挙げる。（　　）
イ **偉**い学者の話を聞く。（　　）

(3)
ア 洋服が**汚**れる。（　　）
イ 老木が**朽**ちる。（　　）

(4)
ア 隣国《りんごく》の領域を**侵**す。（　　）
イ 川の水に足を**浸**す。（　　）

(5)
ア 権力に**迎合**する。（　　）
イ びっくり**仰天**する。（　　）

得点UP

1 (3)「極意」は、「芸や武道の中心となる事柄《ことがら》」の意味。「極秘」も、「極意」の「極」と同じ読み方。

2 (5) イ「仰」には、ほかに「信仰」の「仰」など、「コウ」という音読みもある。

まとめテスト①

点

合格点：80点／100点

1 次の太字の漢字の読みがなを書きなさい。（5点×20）

(1) 外の空気に**触**れる。（　　）
(2) 彼《かれ》は内部事情に**詳**しい。（　　）
(3) 地震《じしん》で家が**傾**く。（　　）
(4) 包丁さばきが**鮮**やかだ。（　　）
(5) 大事な時計が**壊**れる。（　　）
(6) かばんを**床**に置く。（　　）
(7) 選手の**活躍**を期待する。（　　）
(8) 通学**途中**で知人を見かける。（　　）
(9) 宿泊《しゅくはく》の予約が**殺到**する。（　　）
(10) 両国の人口を**比較**する。（　　）
(11) 作家に執筆《しっぴつ》を**依頼**する。（　　）
(12) 容疑者の指紋《しもん》と**一致**する。（　　）
(13) **体裁**を気にせず発言する。（　　）
(14) 真相を**暴露**する記事が出る。（　　）
(15) ア 泥《どろ》で手が**汚**れる。（　　）
　　イ **朽**ちることのない名作。（　　）
(16) ア 違反者《いはんしゃ》を**処罰**する。（　　）
　　イ **罰当**たりなことをする。（　　）
(17) ア **遅**い昼食を取る。（　　）
　　イ 待ち合わせに**遅**れる。（　　）

一字漢字の書き①

点

合格点：80点／100点

1 **次の太字のカタカナを漢字で書きなさい。**（5点×20）

(1) 布団《ふとん》を日に**ホ**す。（　　）

(2) テレビに**ウツ**る。（　　）

(3) 物語の**スジ**をまとめる。（　　）

(4) いつも笑顔《えがお》を**タ**やさない。（　　）

(5) メロンが**ジュク**す。（　　）

(6) 後輩《こうはい》に模範《もはん》を**シメ**す。（　　）

(7) **ヒサ**しぶりに旧友に会う。（　　）

(8) **ワタクシ**が司会を務めます。（　　）

(9) 歩きすぎて足が**ボウ**になる。（　　）

(10) 大役を**マカ**せられる。（　　）

(11) 時計のねじを**マ**く。（　　）

(12) 学校の**ウラ**に公園がある。（　　）

(13) **ツネ**に努力を怠《おこた》らない。（　　）

(14) 弓で矢を**イ**る。（　　）

(15) 楽しいひと時を**ス**ごす。（　　）

(16) 薬の**キ**き目が現れる。（　　）

(17) 道に迷って途方《とほう》に**ク**れる。（　　）

(18) **ツマ**が病気の夫を支える。（　　）

(19) 五つの**ハン**に分かれる。（　　）

(20) 山の**イタダキ**にたどり着く。（　　）

得点UP

1 (2)「ウツる」は、同訓異字「移る」「写る」に注意。
(17)「クれる」は、形の似た「墓」「幕」「募」に注意。「途方にクれる」は、「どうしたらよいかわからず困る」の意味。

START　GOAL

一字漢字の書き②

点

合格点：80点／100点

1 次の太字のカタカナを漢字で書きなさい。（5点×20）

(1) 妹に知恵《ちえ》を**カ**す。（　　）
(2) **シツ**の良い品を求める。（　　）
(3) **イズミ**の水をくむ。（　　）
(4) 姉はよく**シタ**が回る。（　　）
(5) 子牛が母牛の**チチ**を飲む。（　　）
(6) **ホトケ**のように慈悲《じひ》深い人。（　　）
(7) 勉強時間を**フ**やす。（　　）
(8) 玉ねぎを細かく**キザ**む。（　　）
(9) すぐに行動に**ウツ**す。（　　）
(10) 運動会の日程が**ノ**びる。（　　）

(11) **ハ**り切って準備する。（　　）
(12) 勇気を**フル**って行動する。（　　）
(13) 過去のあやまちは**セ**めない。（　　）
(14) 魚の**ホネ**を取り除く。（　　）
(15) はがきを書き**ソン**じる。（　　）
(16) 父がたばこを**タ**つ。（　　）
(17) 先生のお**タク**に伺《うかが》う。（　　）
(18) 古い**シロ**の写真を撮《と》る。（　　）
(19) 江戸《えど》文化の**ミナモト**を探《さぐ》る。（　　）
(20) **ハリ**の穴に糸を通す。（　　）

得点UP

1 (10) 同訓異字に、「長くなる。広がってまっすぐになる」などの意味の「伸びる」がある。
(19) 「ミナモト」は、「川の水の流れ出るもと。物事の起こり始め」の意味。

START　GOAL

一字漢字の書き③

点
合格点：80点／100点

1 次の太字のカタカナを漢字で書きなさい。（5点×20）

(1) 竹でかごを**ア**む。（　　）
(2) 一定の品質を**タモ**つ。（　　）
(3) 仏像を**オガ**む。（　　）
(4) 空が**アツ**い雲に覆《おお》われる。（　　）
(5) 柔《やわ》らかい**ヌノ**にくるむ。（　　）
(6) **ワレ**を忘れて練習に打ち込《こ》む。（　　）
(7) 試合に向けて闘《とう》志《し》を**モ**やす。（　　）
(8) 勉強に**セイ**を出す。（　　）
(9) 道が川に**ソ**う。（　　）
(10) **ドウ**メダルを獲《かく》得《とく》する。（　　）
(11) **ツクエ**の上を整理する。（　　）
(12) 暇《ひま》を持て**アマ**す。（　　）
(13) **キヌ**のスカーフを巻く。（　　）
(14) 想像力が**マズ**しい人。（　　）
(15) **サクラ**の花が満開になる。（　　）
(16) 宿題を早々に**ス**ます。（　　）
(17) 仲間に**ササ**えられる。（　　）
(18) 朝起きて、まず顔を**アラ**う。（　　）
(19) はとが、えさに**ムラ**がる。（　　）
(20) 自分とは**コト**なる意見。（　　）

得点UP
1 (8)「セイを出す」は、「一生懸命《けんめい》に物事をする」の意味。「セイ」は「気力」の意味で使われている。
(19)「ムラ」は、同じ音読みで同じ部分をもつ「郡」と書き間違《まちが》えないようにする。

一字漢字の書き④

点

合格点：80点／100点

1 次の太字のカタカナを漢字で書きなさい。（5点×20）

(1) 新人に期待を**ヨ**せる。（　　）
(2) 予算を一万円と**カギ**る。（　　）
(3) 犬の名前を**ヨ**ぶ。（　　）
(4) **カリ**の住まいに移る。（　　）
(5) **ムネ**を張って答える。（　　）
(6) **ユタ**かな自然に恵《めぐ》まれる。（　　）
(7) **アナ**を掘《ほ》って苗《なえ》を植える。（　　）
(8) 隣《りん》人《じん》と信《しん》頼《らい》関係を**キズ**く。（　　）
(9) 二色の絵の具を**マ**ぜる。（　　）
(10) 友人を家に**マネ**く。（　　）
(11) 庭木の**エダ**が茂《しげ》る。（　　）
(12) 作品に実体験を**オ**り込《こ》む。（　　）
(13) やせた土地を**コ**やす。（　　）
(14) 昨夜から雨が**フ**り出した。（　　）
(15) 将来の**ユメ**を語る。（　　）
(16) 犯《おか》した**ツミ**を償《つぐな》う。（　　）
(17) 兄は医者の**タマゴ**だ。（　　）
(18) 心の**マヨ**いを振《ふ》り切る。（　　）
(19) 先生の**キビ**しい指導を受ける。（　　）
(20) 花《か》壇《だん》から雑草を**ノゾ**く。（　　）

得点UP

1 (9)「別の種類のものを加えて、一つにする」の意味のときに使う。同訓異字「交ぜる」と書き分ける。
(12) 同じ部分をもつ「識」「職」と書き間《ま》違《ちが》えないようにする。

NO. 23

一字漢字の書き⑤

点

合格点：80点／100点

1 次の太字のカタカナを漢字で書きなさい。（5点×20）

(1) 話し合いの場を**モウ**ける。

(2) 本物に**ニ**せて作る。

(3) 満月の**バン**の出来事。

(4) 長年のなぞが**ト**ける。

(5) 自分の**ヒ**を認める。

(6) 去年よりも**セ**が伸《の》びる。

(7) 二つの作品を**クラ**べる。

(8) 山頂の新鮮《しんせん》な空気を**ス**う。

(9) 両者を公正に**サバ**く。

(10) 先生が絵をご**ラン**になる。

(11) **イ**ても立ってもいられない。

(12) 部屋の**マド**を開ける。

(13) 敵に**ナサ**けをかける。

(14) 料理をきれいに**モ**りつける。

(15) かなり**ネ**の張る品を選ぶ。

(16) 生死の**サカイ**をさまよう。

(17) お**ハカ**を掃除《そうじ》する。

(18) 不要品を**ス**てる。

(19) 事故を未然に**フセ**ぐ。

(20) 舞台《ぶたい》の**マク**が下りる。

得点UP

1 (4)「答えが出る」の意味で使われている。「固体が液体になる」の意味の同訓異字「溶ける」と書き分ける。
(18)「スてる」の対義語で、形もにている「拾う」もまとめて覚えておく。

START　GOAL

No. 24

3　漢字の書き

一字漢字の書き⑥

点

合格点：80点／100点

1 次の太字のカタカナを漢字で書きなさい。（5点×20）

(1) 医師の**ユル**しを得て外出する。（　　）

(2) 丁寧《ていねい》にお礼を**ノ**べる。（　　）

(3) 彼《かれ》は**トク**が高い人物だ。（　　）

(4) クッションに**ワタ**を入れる。（　　）

(5) 雷《かみなり》に驚《おどろ》いて馬が**アバ**れる。（　　）

(6) **タテ**一列に並ぶ。（　　）

(7) おやつの量を**へ**らす。（　　）

(8) トランプに**キョウ**じる。（　　）

(9) 自由研究で**カイコ**を育てる。（　　）

(10) 国の**タカラ**ともいえる職人。（　　）

(11) 米を**タワラ**に詰《つ》める。（　　）

(12) 利益を**ヒト**り占《じ》めにする。（　　）

(13) 巨万《きょまん》の**トミ**を築く。（　　）

(14) **イタ**れり尽《つ》くせりのもてなし。（　　）

(15) ズボンのすそが**ヤブ**れる。（　　）

(16) **ヒタイ**を集めて相談する。（　　）

(17) **ハラ**を割って話し合う。（　　）

(18) 履《は》き**ナ**らした靴《くつ》で出かける。（　　）

(19) 用があって友人宅を**タズ**ねる。（　　）

(20) 英語を日本語に**ヤク**す。（　　）

得点UP

1 (3)「トクが高い」の「トク」は、「人から尊敬されるような品性」の意味。同音異字「得」「特」と書き分ける。

(15)「紙や布が裂《さ》ける」の意味で使われている。「勝負に負ける」の意味の同訓異字「敗れる」と書き分ける。

熟語の書き①

点
合格点：80点／100点

1 次の太字のカタカナを漢字で書きなさい。（5点×20）

(1) **コキョウ**に帰る。（　　）
(2) 現実を**チョクシ**する。（　　）
(3) **ハイカツリョウ**を調べる。（　　）
(4) 国会の**ショウニン**を得る。（　　）
(5) 手袋《てぶくろ》を**カタホウ**なくす。（　　）
(6) おいしいと**ヒョウバン**の店。（　　）
(7) **ウチュウ**について調べる。（　　）
(8) **ショウライ**を考える。（　　）
(9) **オヤコウコウ**をする。（　　）
(10) **ボウエイショウ**に勤務する。（　　）
(11) **グンシュウ**心理を探《さぐ》る。（　　）
(12) 身体**ソクテイ**を実施《じっし》する。（　　）
(13) **ヤチン**を支払《しはら》う。（　　）
(14) **シュッパンシャ**に勤める。（　　）
(15) 新政権が**タンジョウ**する。（　　）
(16) 会場を**テイキョウ**する。（　　）
(17) 箱の**スンポウ**をはかる。（　　）
(18) **ガイロジュ**が紅葉する。（　　）
(19) 友人の意見に**サンセイ**する。（　　）
(20) 世界三大**シュウキョウ**。（　　）

得点UP
1 (5)「カタ」の書き順は間違《まちが》えやすいので、特に注意する。
(16)「テイキョウ」は、「自分のものを他人のために差し出すこと」の意味。「テイ」は同音異字「堤」に注意。

熟語の書き②

点
合格点：80点／100点

1 次の太字のカタカナを漢字で書きなさい。（5点×20）

(1) 政治**カイカク**が行われる。（　　）
(2) 土地を**ブンカツ**する。（　　）
(3) **キソク**正しい生活を送る。（　　）
(4) 両親を**ソンケイ**する。（　　）
(5) ここは土足**ゲンキン**だ。（　　）
(6) コーヒーに**サトウ**を入れる。（　　）
(7) 足を**フショウ**する。（　　）
(8) つり橋を**ホキョウ**する。（　　）
(9) 技術が**カクダン**に上達する。（　　）
(10) 周囲から**ヒハン**を受ける。（　　）
(11) **ナイカク**官房長官《かんぼう》が発言する。（　　）
(12) 知る**ケンリ**を主張する。（　　）
(13) 詳細《しょうさい》は**ショウリャク**する。（　　）
(14) 画家が**コテン**を開く。（　　）
(15) **ネンガジョウ**を出す。（　　）
(16) **カンタン**な作業を行う。（　　）
(17) 互《たが》いに**テキタイ**する。（　　）
(18) **スイリ**小説を読む。（　　）
(19) 問題点を**ケントウ**する。（　　）
(20) **ヒミツ**の隠《かく》れ家《が》へ行く。（　　）

得点UP
1 (8)「ホキョウ」は、「弱い部分をおぎなうこと」の意味。「ホ」は同音異字の「捕」「舗」に注意。
(19)「ケントウ」は、同音異義語の「見当」「健闘」などと書き分ける。

START　GOAL

熟語の書き③

点

合格点：80点／100点

1 次の太字のカタカナを漢字で書きなさい。（5点×20）

(1) 国を横切って流れる**タイガ**。（　　）

(2) **ハイイロ**の雨雲が広がる。（　　）

(3) 品質が**ヘイキン**している。（　　）

(4) 有名なバイオリンの**ソウシャ**。（　　）

(5) 研究のためのの**シリョウ**集め。（　　）

(6) 二つの**セイトウ**が争う。（　　）

(7) **ケンポウ**改正についての論議。（　　）

(8) 台風の**ヨクジツ**は快晴だった。（　　）

(9) クラスで**ダンケツ**する。（　　）

(10) **カチカン**の相違《そうい》を認め合う。（　　）

(11) **センゾ**代々続く家業を継《つ》ぐ。（　　）

(12) **セイケツ**な衣服に着替《きが》える。（　　）

(13) **ゼンリョウ**な市民を守る。（　　）

(14) 入学を**キョカ**される。（　　）

(15) 事務を手早く**ショリ**する。（　　）

(16) **ジンギ**を重んじる。（　　）

(17) **タンニン**の教師に相談する。（　　）

(18) 神の**ソンザイ**を信じる。（　　）

(19) うわさを**ヒテイ**する。（　　）

(20) 隣国《りんごく》と**ドウメイ**を結ぶ。（　　）

得点UP

1 (10)「カチカン」の「カン」を「感」と書かないように注意する。
(16)「ジンギ」は、「人として行わなければならない道理」の意味。

熟語の書き④

点
合格点：80点／100点

1 次の太字のカタカナを漢字で書きなさい。（5点×20）

(1) 企業《きぎょう》が**リエキ**を伸《の》ばす。（　　）
(2) 事業を**カクダイ**する。（　　）
(3) 雑誌の**ベッサツ**付録を読む。（　　）
(4) 自分で**ハイク**を作る。（　　）
(5) **ケツエキガタ**を調べる。（　　）
(6) 事故の原因を**タンキュウ**する。（　　）
(7) 試験**タイサク**を立てる。（　　）
(8) 飛行機が**カコウ**する。（　　）
(9) 新しい環境《かんきょう》に**テキオウ**する。（　　）
(10) **ケイトウ**立てて説明する。（　　）
(11) 水槽《すいそう》に**サンソ**を送り込《こ》む。（　　）
(12) 紙幣《しへい》の**マイスウ**を確認《かくにん》する。（　　）
(13) 周辺の国と**ボウエキ**を行う。（　　）
(14) **ユウビンブツ**を送る。（　　）
(15) **ホウリツ**を学ぶ。（　　）
(16) 空港の**ゼイカン**を通る。（　　）
(17) 母が**クチベニ**をつける。（　　）
(18) 英語の**カシ**を翻訳《ほんやく》する。（　　）
(19) 他の国に**ジュウゾク**する。（　　）
(20) オーケストラを**シキ**する。（　　）

得点UP
1 (6)「タンキュウ」の「キュウ」を「究」と書かないように。意味をとらえて同音異義語を書き分ける。
(19)「ジュウゾク」は、「強いものにつきしたがうこと」の意味。

熟語の書き⑤

点

合格点：80 点／100 点

1 次の太字のカタカナを漢字で書きなさい。（5点×20）

(1) 正式に**シャザイ**する。（　　）
(2) 白米に**ザッコク**を混ぜる。（　　）
(3) 野鳥を**ホゴ**する。（　　）
(4) 飛行機の**モケイ**を作る。（　　）
(5) **セイジツ**な対応をする。（　　）
(6) **チョメイ**な画家の作品を見る。（　　）
(7) 彼《かれ》の長話には**ヘイコウ**する。（　　）
(8) ばく大な**ザイサン**を得る。（　　）
(9) 姉の**チュウコク**を聞く。（　　）
(10) 新しい店を**センデン**する。（　　）
(11) 仲間と**ギロン**を交《か》わす。（　　）
(12) パソコンが**コショウ**する。（　　）
(13) **シオカゼ**が肌《はだ》に心地《ここち》よい。（　　）
(14) 前もって**ジュンビ**する。（　　）
(15) 善悪の**シャクド**に違《ちが》いがある。（　　）
(16) けが人を**カンビョウ**する。（　　）
(17) **ニュウセイヒン**を食べる。（　　）
(18) 腕《うで》に**キンニク**をつける。（　　）
(19) 新しい問題が**ハセイ**する。（　　）
(20) 物語を**ロウドク**する。（　　）

得点UP

1 (7)「ヘイコウ」は、「手に負えなくて困ること」の意味。同音異義語の「並行」「平行」などと書き分ける。
(15)「シャクド」は、「物事を評価・判断する基準」の意味。「シャク」は、昔使われていた長さの単位。

熟語の書き⑥

点

合格点：80点／100点

1 次の太字のカタカナを漢字で書きなさい。（5点×20）

(1) 彼女《かのじょ》とは**メンシキ**がある。（　　）
(2) **チイキ**の産業を調べる。（　　）
(3) **ケイサツショ**に届け出る。（　　）
(4) **サイガイ**に見舞《みま》われる。（　　）
(5) 住宅**ジョウホウシ**を見る。（　　）
(6) 古代の**チソウ**を調べる。（　　）
(7) **オンシ**に手紙を出す。（　　）
(8) **コウテツ**のように固い意志。（　　）
(9) 兄の**シュウショク**が決まる。（　　）
(10) **エンゲキブ**に入る。（　　）
(11) 世の中が**コンラン**する。（　　）
(12) **ドクソウテキ**な作品。（　　）
(13) 近隣《きんりん》**ショコク**と交流する。（　　）
(14) **ヨウリョウ**よく仕事をする。（　　）
(15) 桜の**ナミキ**の下を歩く。（　　）
(16) オリンピックの**セイカ**リレー。（　　）
(17) 方位**ジシャク**を使う。（　　）
(18) **エイキュウ**に平和を守る。（　　）
(19) 優《すぐ》れた**ズノウ**の持ち主。（　　）
(20) **コウゴウ**陛下のお言葉。（　　）

得点UP

1 (8)「コウテツ」は、「硬《かた》いてつ」の意味。硬いもののたとえにも使われる。「コウ」は形の似た「網」「綱」に注意。
(13)「ショコク」の「ショ」には、同音異字「緒」がある。「緒」は「一緒・端緒《たんしょ》」などのように使う。

送りがな①

点

合格点：80点／100点

1 次の太字のカタカナを漢字と送りがなで書きなさい。（5点×20）

(1) 風船が**ワレル**。（　　）
(2) 参加人数を**タシカメル**。（　　）
(3) 寒さに体を**チヂメル**。（　　）
(4) 食卓《しょくたく》にお皿を**ナラベル**。（　　）
(5) **アブナイ**目に遭《あ》う。（　　）
(6) 祖母が白髪《しらが》を**ソメル**。（　　）
(7) そよ風が肌《はだ》に**ココロヨイ**。（　　）
(8) **イキオイ**よく走り出す。（　　）
(9) 目上の人を**ウヤマウ**。（　　）
(10) 友人の誘《さそ》いを**コトワル**。（　　）
(11) 旅館を**イトナム**。（　　）
(12) **ワカイ**社員が応対する。（　　）
(13) 説明を**オギナウ**。（　　）
(14) **ハゲシイ**戦いが起きる。（　　）
(15) **アタタカイ**地方に住む。（　　）
(16) 議論が**サカン**になる。（　　）
(17) 考え方が**オサナイ**。（　　）
(18) 御飯《ごはん》を**ムラス**。（　　）
(19) **ケワシイ**道を行く。（　　）
(20) 貴重品を**アズカル**。（　　）

得点UP

1 (7)「ココロヨイ」は、「気持ちがよい」の意味。「心良い」などと書かないように。
(15)「アタタカイ」は、ここでは気象・気温に対して使われている。同訓異字「温かい」と書き分ける。

送りがな②

点
合格点：80点／100点

1 次の太字のカタカナを漢字と送りがなで書きなさい。（5点×20）

(1) トウトイ命を守る。（　　）
(2) 誘惑《ゆうわく》をシリゾケル。（　　）
(3) 仲間をヒキイル。（　　）
(4) 川の流れにサカラウ。（　　）
(5) 就職先をサガス。（　　）
(6) 数年後にフタタビ出会う。（　　）
(7) 部下をシタガエル。（　　）
(8) 約束をワスレル。（　　）
(9) 釣《つ》り糸をタラス。（　　）
(10) 彼《かれ》の実力をミトメル。（　　）
(11) 問題がムズカシイ。（　　）
(12) チームを勝利にミチビク。（　　）
(13) 我《わ》が目をウタガウ。（　　）
(14) 荷物をトドケル。（　　）
(15) 気持ちがミダレル。（　　）
(16) 畑をタガヤス。（　　）
(17) 新しい自転車がホシイ。（　　）
(18) 熱い思いを胸にヒメル。（　　）
(19) 作家をココロザス。（　　）
(20) ドアをシメル。（　　）

得点UP

1 (2)「シリゾケル」は、ここでは「断る。受け入れない」の意味。送りがなの書き間違《まちが》えにも注意。
(19)「ココロザス」は、「目標に向かおうと心に決める」の意味。「ココロザシ」だと送りがなは付かない。

START　GOAL

同訓異字

点

合格点：80点／100点

1 次の太字のカタカナを漢字で書きなさい。（5点×20）

(1)
ア　木の**カワ**をはぐ。
イ　**カワ**のかばんを買う。

(2)
ア　漢字の書き順を**アヤマ**る。
イ　遅刻《ちこく》したことを**アヤマ**る。

(3)
ア　気立ての**ヤサ**しい子。
イ　この問題は**ヤサ**しい。

(4)
ア　歩き過ぎて足が**イタ**む。
イ　強風で家が**イタ**む。

(5)
ア　地震《じしん》に**ソナ**える。
イ　墓前に花を**ソナ**える。

(6)
ア　人前に姿を**アラワ**す。
イ　喜びを顔に**アラワ**す。
ウ　文化史の本を**アラワ**す。

(7)
ア　生徒会長を**ツト**める。
イ　事件の解決に**ツト**める。
ウ　食品会社に**ツト**める。

(8)
ア　成功を**オサ**める。
イ　大学で学問を**オサ**める。
ウ　税金を**オサ**める。
エ　国王が国を**オサ**める。

得点UP

1　(1)　**ア**は「動植物の外側を包んでいるもの」、**イ**は「動物の表面の毛を取り除いて柔《やわ》らかくしたもの」の意味。
(6)　**ア**は「隠《かく》れていたものを見えるようにする」、**ウ**は「自分の考えや研究を本にして世の中に出す」の意味。

同音異義語①

点
合格点：80点／100点

1 次の太字のカタカナを漢字で書きなさい。（5点×20）

(1)
ア　苦痛から**カイホウ**される。
イ　プールを**カイホウ**する。

(2)
ア　作業の**コウテイ**を調査する。
イ　歩いて約一時間の**コウテイ**。

(3)
ア　中学生**タイショウ**の参考書。
イ　二つを比較《ひかく》**タイショウ**する。

(4)
ア　乗り越《こ》し料金の**セイサン**。
イ　借金を**セイサン**する。

(5)
ア　将来の姿を**ソウゾウ**する。
イ　天地**ソウゾウ**の物語。

(6)
ア　経理部に**イドウ**する。
イ　机の位置を**イドウ**する。
ウ　両者の**イドウ**を調べる。

(7)
ア　**コジン**経営の飲食店。
イ　昔の文献《ぶんけん》に見る**コジン**の教え。
ウ　**コジン**をしのぶ会を催《もよお》す。

(8)
ア　進化の**カテイ**を知る。
イ　**カテイ**での教育を大切にする。
ウ　ある**カテイ**に基《もと》づいて話す。
エ　教養**カテイ**を修了《しゅうりょう》する。

得点UP

1 (4)　**ア**は「使った費用を細かく計算すること」、**イ**は「互《たが》いの貸し借りを計算し、始末をつけること」の意味。
(7)　**イ**は「昔の人」、**ウ**は「死んだ人」の意味。三つの「コ」は、同じ部分をもつ漢字どうしでもあるので注意。

START　GOAL

同音異義語②

月　　日

点

合格点：80点／100点

1 次の太字のカタカナを漢字で書きなさい。（5点×20）

(1)
ア 案に**イギ**を唱える。
イ **イギ**のある仕事をする。

(2)
ア 仕事の**テキセイ**を見る。
イ **テキセイ**な価格で販売《はんばい》する。

(3)
ア 悪人が**カイシン**する。
イ **カイシン**の笑《え》みを浮《う》かべる。

(4)
ア 投票で**サイケツ**する。
イ 静脈《じょうみゃく》から**サイケツ**する。

(5)
ア 動機が**フジュン**だ。
イ 今年は天候が**フジュン**だ。

(6)
ア 家族**コウセイ**を聞かれる。
イ 福利**コウセイ**施設《しせつ》が充実《じゅうじつ》する。

(7)
ア 工場が夜間に**ソウギョウ**する。
イ **ソウギョウ**百周年の店。

(8)
ア **シコウ**錯誤《さくご》を繰《く》り返す。
イ 音楽家を**シコウ**する。
ウ 疲《つか》れて**シコウ**力が鈍《にぶ》る。

(9)
ア 日本文学に**カンシン**をもつ。
イ 立派な行動に**カンシン**する。
ウ **カンシン**に堪《た》えない世相だ。

得点UP

1 (3) **ア**は「今までの行いを反省して考えを正すこと」、**イ**は「心から満足すること」の意味。
(8) **ア**は「ためしにやってみること」、**イ**は「心が目標や目的にむかうこと」の意味。

誤りやすい書き①

点
合格点：80点／100点

1 次の太字のカタカナを漢字で書きなさい。（5点×20）

(1) 友人と**オオ**いに語り合う。（　）
(2) せっかくの努力が**ダイ**無しだ。（　）
(3) 日本**コユウ**の文化を守る。（　）
(4) 視力**ケンサ**を受ける。（　）
(5) **キュウタイ**依然《いぜん》とした組織。（　）
(6) **ヨダン**を許さない状況《じょうきょう》だ。（　）
(7) 事件の**シマツ**をつける。（　）
(8) **センモン**家に話を聞く。（　）
(9) 私の**トクギ**は物まねだ。（　）
(10) 客の**オウタイ**に追われる。（　）
(11) 身勝手な行動に**ヒナン**が集まる。（　）
(12) 親族が**イチドウ**に会する。（　）
(13) **イガイ**な結果に驚《おどろ》く。（　）
(14) 事業を**シュクショウ**する。（　）
(15) 医者から**ショホウ**された薬。（　）
(16) **ケッセン**投票が行われる。（　）
(17) 優秀《ゆうしゅう》な**セイセキ**を収める。（　）
(18) 経営の**タイセイ**を立て直す。（　）
(19) 世の中の**フウキ**が乱れる。（　）
(20) 新しい**キョクメン**を迎《むか》える。（　）

得点UP
1 (8)「センモン」は「モン」の書き間違《まちが》いが多いので注意。「ホウモン」の「モン」とは別の字を書く。
(12)「イチドウに会する」は、「多くの人が同じ場所に集まる」の意味。「全員」の意味の「一同」と書き分ける。

誤りやすい書き②

点

合格点：80点／100点

1 次の太字のカタカナを漢字で書きなさい。（5点×10）

(1) **カソウ**行列に参加する。（　　）
(2) **トクイ**な才能をもつ。（　　）
(3) **ゲンジョウ**を打破する。（　　）
(4) **ゲキヤク**を注意して扱《あつか》う。（　　）
(5) 切手を**シュウシュウ**する。（　　）
(6) **ケイソツ**な発言を反省する。（　　）
(7) **ナンイド**の高い問題を解く。（　　）
(8) 将来を**ヒカン**する。（　　）
(9) **ガンゼン**に絶景が広がる。（　　）
(10) **シュウカンシ**を購読《こうどく》する。（　　）

2 次の太字のカタカナを漢字で書きなさい。（5点×10）

(1)
ア **ゲンイン**を追及《ついきゅう》する。（　　）
イ **ヒンコン**から抜《ぬ》け出す。（　　）

(2)
ア 大学の**コウギ**を受ける。（　　）
イ 建物の**コウゾウ**の調査。（　　）

(3)
ア **ショウケン**会社に勤める。（　　）
イ 本の**カンマツ**を見る。（　　）

(4)
ア 食糧《しょくりょう》を**チョゾウ**する。（　　）
イ **ゾウキ**移植が行われる。（　　）

(5)
ア 家と駅を**オウフク**する。（　　）
イ **フクザツ**な仕組みの機械。（　　）

得点UP

1 (4)「ゲキヤク」は、「使い方や分量を間違《まちが》えると命にかかわる危険なくすり」の意味。
2 (2)「コウ」は、ア・イのほかに、同音で同じ部分をもつ漢字に「溝」「購」がある。

まとめテスト②

点

合格点：80点／100点

1 次の太字のカタカナを漢字で書きなさい。（5点×20）

(1) 彼《かれ》の発言には**ウラ**がある。（　　）

(2) 石碑《せきひ》に**キザ**まれた文字。（　　）

(3) 役者の**タマゴ**が練習に励《はげ》む。（　　）

(4) 犯人の罪を**サバ**く。（　　）

(5) 風邪《かぜ》の母を**カンビョウ**する。（　　）

(6) 近所の人に**ヒョウバン**がいい。（　　）

(7) 周囲に**ヒミツ**が漏《も》れる。（　　）

(8) **ユウビンブツ**が届く。（　　）

(9) **ケイソツ**な行動を反省する。（　　）

(10) 不燃ごみを**シュウシュウ**する。（　　）

(11)
ア 発想が**ヒンコン**だ。（　　）
イ **ゲンイン**不明の事故。（　　）

(12)
ア **コウセイ**年金を受け取る。（　　）
イ 委員会を**コウセイ**する。（　　）

(13)
ア 隣《となり》の車両に**イドウ**する。（　　）
イ 本文との**イドウ**を調べる。（　　）
ウ 営業部へ**イドウ**する。（　　）

(14)
ア 銀行に**ツト**める。（　　）
イ 案内役を**ツト**める。（　　）
ウ サービスに**ツト**める。（　　）

部首・画数

点

合格点：80点／100点

1 次の漢字の部首を□に書き、その部首名を□から選んで書きなさい。（完答5点×8）

(1) 握 □・（　　）
(2) 項 □・（　　）
(3) 宣 □・（　　）
(4) 溶 □・（　　）
(5) 越 □・（　　）
(6) 困 □・（　　）
(7) 庁 □・（　　）
(8) 凶 □・（　　）

そうにょう　てへん　おおがい　うけばこ
くにがまえ　うかんむり　まだれ　さんずい

2 次の漢字の総画数を答えなさい。（5点×6）

(1) 及（　　）画
(2) 恥（　　）画
(3) 片（　　）画
(4) 閉（　　）画
(5) 浮（　　）画
(6) 渡（　　）画

3 次の漢字の部首を□に書き、その部首の画数を（　）に答えなさい。（完答5点×6）

(1) 縁 □・（　　）画
(2) 陰 □・（　　）画
(3) 迎 □・（　　）画
(4) 飾 □・（　　）画
(5) 視 □・（　　）画
(6) 範 □・（　　）画

得点UP

2 (5)「浮」の「子」、(6)「渡」の「廿」の部分の画数に注意。

3 (5)「視」の部首は間違《まちが》えやすいので注意。漢字の意味を考えて判断する。

START　GOAL

部首・画数・筆順①

点
合格点：80点／100点

1 次の漢字の部首を、それぞれ〔　〕から選んで書きなさい。（6点×5）

(1) 撃〔車 殳 手 又〕（　　）
(2) 霧〔⻗ 矛 夂 力〕（　　）
(3) 腐〔广 亻 寸 肉〕（　　）
(4) 徴〔彳 山 王 攵〕（　　）
(5) 暦〔厂 木 林 日〕（　　）

2 次の部首をもつ漢字を、それぞれ〔　〕から選んで書きなさい。（7点×4）

(1) おおざと〔鎖 攻 郎 却〕（　　）
(2) あなかんむり〔署 寝 老 突〕（　　）
(3) とりへん〔鳴 贈 酸 祖〕（　　）
(4) どうがまえ〔奥 冊 旬 尾〕（　　）

3 次の漢字と同じ画数の漢字を、それぞれ〔　〕から選んで書きなさい。（6点×3）

(1) 含〔征 劣 壱 矛〕（　　）
(2) 為〔掘 盾 肩 兼〕（　　）
(3) 乾〔御 詰 腕 菓〕（　　）

4 次の漢字の筆順として正しいほうを選び、○を付けなさい。（6点×4）

(1) 秘
ア（　）禾 利 秘 秘 秘
イ（　）禾 秘 秘 秘 秘

(2) 巨
ア（　）一 厂 戸 巨 巨
イ（　）丨 厂 戸 巨 巨

(3) 妻
ア（　）ㇷ ⺕ 𠄌 妻 妻 妻
イ（　）ㇷ ⺕ 𠄌 妻 妻 妻

(4) 衆
ア（　）⺍ 血 衆 衆 衆
イ（　）⺍ 血 衆 衆 衆

得点UP
1 部首は漢字の意味を表す部分であることが多いので、漢字の意味から考えるとよい。
4 (1)「必」、(3)「女」の部分の筆順を問われることが多いので、しっかり覚える。

START　GOAL

部首・画数・筆順②

点
合格点：80点／100点

1 次の漢字の部首を□に書き、その部首名を（　）に書きなさい。（完答4点×4）

(1) 稿　□・（　）
(2) 慣　□・（　）
(3) 延　□・（　）
(4) 刺　□・（　）

2 次の漢字の部首（黒い部分）が表す意味を□から選び、記号で答えなさい。（5点×6）

(1) 被（　）
(2) 圏（　）
(3) 煮（　）
(4) 荒（　）
(5) 犯（　）
(6) 脚（　）

ア 獣《けもの》　イ 囲むこと　ウ 肉体
エ 火　オ 植物　カ 衣《ころも》

3 次の漢字の部首以外の部分の画数を答えなさい。（4点×6）

(1) 我（　）画
(2) 抱（　）画
(3) 案（　）画
(4) 仰（　）画
(5) 誤（　）画
(6) 衛（　）画

4 次の漢字の黒い部分は、何画目に当たるかを答えなさい。（5点×6）

(1) 離（　）画目
(2) 威（　）画目
(3) 傾（　）画目
(4) 叫（　）画目
(5) 舟（　）画目
(6) 幾（　）画目

得点UP
2 (6)「月」の形であるへんの部首には、「にくづき」と「つきへん」があるので注意。
3 (3)「案」、(6)「衛」は部首を間違《まちが》えやすい漢字なので注意。

START　GOAL

二字熟語の構成①

点

合格点：80点／100点

1 次の(1)～(8)の構成の二字熟語を、□から選んで書きなさい。（5点×8）

(1) 上下が似た意味。（　　）
(2) 上下が反対の意味。（　　）
(3) 上が下を修飾《しゅうしょく》する。（　　）
(4) 下が上の動作の対象。（　　）
(5) 上下が主語・述語の関係。（　　）
(6) 上が下を打ち消す。（　　）
(7) 接頭語が付く。（否定の意味以外の接頭語。）（　　）
(8) 接尾《せつび》語が付く。（　　）

観劇　非常　快走　勤務
液化　人造　干満　第一

2 次の二字熟語と同じ構成の熟語を、それぞれ〔　〕から選んで書きなさい。（6点×5）

(1) 偉人《いじん》〔短気　出願　主従〕（　　）
(2) 国有〔着席　地震《じしん》　無視〕（　　）
(3) 迎春《げいしゅん》〔粉雪　積載《せきさい》　握手《あくしゅ》〕（　　）
(4) 濃淡《のうたん》〔淡色　濃厚《のうこう》　表裏《ひょうり》〕（　　）
(5) 未熟〔美的　不安　新鮮《しんせん》〕（　　）

3 上下が似た意味の構成になるように、〔　〕から漢字を選んで（　）に書き、二字熟語を完成させなさい。（5点×6）

(1)（　　）加
(2) 比（　　）
(3)（　　）良
(4) 清（　　）
(5)（　　）敬
(6) 軽（　　）

〔善　薄　潔　較　添　尊〕

得点UP

1 (4)は「着席（席に着く）」のように、上の漢字が動作を表し、下の漢字がその対象になっている構成。

2 (1)「偉人」は「偉《えら》い人《ひと》」と訓読みして意味が通じるので、上が下を修飾する構成とわかる。

二字熟語の構成②

点
合格点：80点／100点

1 次の(1)〜(8)の構成の二字熟語を□から選び、その熟語の読みがなを書きなさい。（5点×8）

(1) 上下が似た意味。（　　）
(2) 上下が反対の意味。（　　）
(3) 上が下を修飾《しゅうしょく》する。（　　）
(4) 下が上の動作の対象。（　　）
(5) 上下が主語・述語の関係。（　　）
(6) 上が下を打ち消す。（　　）
(7) 接頭語が付く。（否定の意味以外の接頭語。）（　　）
(8) 接《せつ》尾《び》語が付く。（　　）

無尽	寄稿	急性	繁茂
日照	優劣	貴社	激突

2 次の〔　〕の二字熟語の中から、一つだけ構成が違《ちが》う熟語を選んで書きなさい。（6点×4）

(1) 〔是《ぜ》非《ひ》　否《ひ》認《にん》　安危　有《う》無《む》〕（　　）
(2) 〔異国　甘《かん》言《げん》　乾《かん》杯《ぱい》　熟知〕（　　）
(3) 〔呼吸　去来　断続　詳《しょう》細《さい》〕（　　）
(4) 〔敏《びん》腕《わん》　就《しゅう》寝《しん》　植樹　帰郷〕（　　）

3 上下が反対の意味の構成になるように、A・Bの漢字を組み合わせて、二字熟語を六つ作りなさい。（6点×6）

A〔雌　首　栄　浮　経　賞〕
B〔尾　罰　緯　沈　雄　枯〕

（　　）・（　　）
（　　）・（　　）
（　　）・（　　）

得点UP
1 (5)は「市営（市が営む）」のように、上の漢字が主語で、下の漢字が述語になっている構成。
2 (1)「非」「否」「無」などは、否定の接頭語として使う以外の使い方もあるので注意。

三字熟語①

点
合格点：80点／100点

1 次の□に入る漢字を□から選び、完成した三字熟語の読みがなを書きなさい。（5点×8）

(1) 老朽□が進む。（　　）

(2) □菓子を食べる。（　　）

(3) 新聞の投書□。（　　）

(4) □造作に置く。（　　）

(5) 衣□住が調《ととの》う。（　　）

(6) 心拍□が多い。（　　）

(7) 殺虫□を使う。（　　）

(8) 看護□を目指す。（　　）

化	食	欄	師
剤	無	数	和

2 次の□に入る語を□から選び、漢字に直して書き、三字熟語を完成させなさい。（5点×12）

(1) □決勝（　　）

(2) □物館（　　）

(3) 積□的（　　）

(4) 屋台□（　　）

(5) 雨□様（　　）

(6) 一目□（　　）

(7) 有□天（　　）

(8) 正□場（　　）

(9) 門外□（　　）

(10) 停□所（　　）

(11) 街路□（　　）

(12) □不足（　　）

ちょう	ぼね	りゅう
かん	じゅん	か
じゅ	はく	きょく
も	ねん	さん

得点UP

1 (5)「衣□住」は、三字それぞれが対等に並ぶ構成の熟語になる。

2 (9)「門外□」は、「その分野の専門でない人」という意味の熟語になる。

三字熟語②

点

合格点：80点／100点

1

次の構成に当たる三字熟語を、□から二つずつ選び、その読みがなを書きなさい。（5点×6）

(1) 上の一字が下の二字熟語を修飾《しゅうしょく》する。
（　　）・（　　）

(2) 上の二字熟語が下の一字を修飾する。
（　　）・（　　）

(3) 三字がそれぞれ対等に並ぶ。
（　　）・（　　）

心技体	微生物	扇風機
致命傷	雪月花	高性能

2

次の（　）に入る接頭語や接尾《せつび》語を、下の□から選んで書き、三字熟語を完成させなさい。（5点×6）

(1) （　）常時
(2) 価値（　）
(3) （　）得手
(4) 簡略（　）
(5) （　）抵抗
(6) 重要（　）

非	無	観
化	性	不

3

次の太字のカタカナを漢字で書きなさい。（4点×10）

(1) **シンカンセン**に乗る。（　　）
(2) **マエヒョウバン**がいい。（　　）
(3) **サップウケイ**な部屋。（　　）
(4) 気分は**サイコウチョウ**だ。（　　）
(5) **スイジョウキ**が上がる。（　　）
(6) **コウイッテン**の存在だ。（　　）
(7) **ムジョウケン**で許可する。（　　）
(8) **センリガン**の持ち主。（　　）
(9) 一日を**ユウイギ**に過ごす。（　　）
(10) 代表に**リッコウホ**する。（　　）

得点UP

1　三字熟語の構成の問題は、熟語の切れ目を考えるとよい。熟語に分けられないものは(3)の構成になる。

3　(6)「コウイッテン」は、「多くの男性の中に女性が一人だけ交じっていること」の意味。

START　GOAL

四字熟語①

点
合格点：80点／100点

1 次のA・Bの熟語を組み合わせて、四字熟語を八つ作りなさい。（5点×8）

A

平身　利害　有名　花鳥
朝令　自由　自業《じごう》　大同

B

自得　暮改　小異　得失
風月　低頭　自在　無実

（　　）（　　）・（　　）（　　）
（　　）（　　）・（　　）（　　）
（　　）（　　）・（　　）
（　　）（　　）

2 次の（　）に入る漢数字を書き、四字熟語を完成させなさい。（完答4点×6）

(1)（　）朝（　）夕
(2)（　）差（　）別
(3)（　）人（　）色
(4)（　）日（　）秋
(5)（　）東（　）文
(6)（　）石（　）鳥

3 次の太字の四字熟語の読みがなを書きなさい。（4点×5）

(1) **主客転倒**を指摘《してき》する。（　　）
(2) **連鎖反応**が起きる。（　　）
(3) **馬耳東風**にあきれる。（　　）
(4) **中途半端**に終わる。（　　）
(5) **悪戦苦闘**の末、勝つ。（　　）

4 次の太字の中のカタカナを、漢字に直して書き、四字熟語を完成させなさい。（4点×4）

(1) **リンキ応変**に対処する。（　　）
(2) **ガデン引水**の説を唱える。（　　）
(3) **空前ゼツゴ**の大混乱だった。（　　）
(4) **セイコウ雨読**の生活を送る。（　　）

得点UP
2 (4)「□日□秋」は、「非常に待ち遠しいこと」の意味の四字熟語になる。
3 (3)「馬耳東風」は、「人の意見や批評を聞き流して、いっこうに気にかけないこと」の意味。

四字熟語②

点

合格点：80点／100点

1 次のカタカナの部分に合う漢字を、それぞれ〔　〕から選んで書きなさい。（5点×4）

(1) 絶タイ絶命〔対　態　帯　体〕（　　）

(2) タン刀直入〔短　単　反　担〕（　　）

(3) 心キ一転〔期　気　機　起〕（　　）

(4) 異ク同音〔句　工　区　口〕（　　）

2 次の□に入る語を□から選び、漢字に直して書き、四字熟語を完成させなさい。（5点×6）

(1) 針小□大（　　）

(2) 言語道□（　　）

(3) 温□知新（　　）

(4) 一心不□（　　）

(5) 因果応□（　　）

(6) 無我□中（　　）

ほう　だん　らん
ぼう　む　こ

3 次の□□に入る漢字を書き、四字熟語を完成させなさい。（5点×10）

(1) □□月歩で技術が向上する。（　　）

(2) 彼《かれ》は大器□□型の人物だ。（　　）

(3) 天変□□の前兆のようだ。（　　）

(4) 前代□□の事件が起きる。（　　）

(5) □□伝心の間柄《あいだがら》。（　　）

(6) 半信□□でうわさ話を聞く。（　　）

(7) 話の□□転結を考える。（　　）

(8) 枝葉□□にこだわるな。（　　）

(9) 起死□□のチャンスだ。（　　）

(10) 弱い相手でも□□大敵だ。（　　）

得点UP

1 どの四字熟語も書き間違《まちが》えやすい漢字を含《ふく》んでいるので、問われることが多い。正しく覚えること。

3 (8)「枝葉□□」は「しよう□□」と読み、「本筋から外れたつまらない事柄」の意味の四字熟語になる。

類義語①

点

合格点：80点／100点

1 次の太字の熟語の類義語を□から選び、その読みがなを書きなさい。（5点×8）

(1) 明日の**用意**が調《ととの》う。（　　）
(2) 技術が**進歩**する。（　　）
(3) 遅刻《ちこく》した**理由**を話す。（　　）
(4) 友達の**長所**を挙げる。（　　）
(5) 自分の**欠点**を改める。（　　）
(6) いい**方法**を考える。（　　）
(7) 社長の**指示**に従う。（　　）
(8) 元首相が**死去**した。（　　）

事情	他界	向上	手段	
短所	準備	命令	美点	

2 次の熟語の類義語を、それぞれ〔　〕から選んで書きなさい。（6点×3）

(1) 安全〔治安　円満　無事〕（　　）
(2) 試験〔調査　考査　経験〕（　　）
(3) 関心〔興味　心配　感動〕（　　）

3 次の各組が類義語の関係になるように、□に共通して入る、〔　〕の読み方の漢字を書きなさい。（7点×6）

(1) □接＝□着〔ミッ〕（　　）
(2) 休□＝静□〔ヨウ〕（　　）
(3) 状□＝様□〔タイ〕（　　）
(4) □造＝□作〔ソウ〕（　　）
(5) □議＝□存〔イ〕（　　）
(6) □測＝□量〔スイ〕（　　）

得点UP
1 (4)「長所」と(5)「欠点」は対義語の関係なので、それぞれの類義語も対義語の関係になっている。
3 類義語には共通の漢字をもつものが多い。(6)ほかに「スイ定」「スイ察」「スイ理」なども類義語である。

START　GOAL

類義語②

点

合格点：80点／100点

1 次の各組が類義語の関係になるように、（　）に入る漢字を、□から選んで書きなさい。（5点×6）

(1) 意外＝（　）外
(2) 帰郷＝帰（　）
(3) 有名＝（　）名
(4) 戸外＝（　）外
(5) 精読＝（　）読
(6) 順調＝（　）調

熟　省　著　案　快　屋

2 次の各組が類義語の関係になるように、□に入る〔　〕の読み方の漢字を書きなさい。（6点×5）

(1) 難局＝苦□〔キョウ〕（　）
(2) 利害＝□得〔ソン〕（　）
(3) 留守＝不□〔ザイ〕（　）
(4) 名手＝□人〔タツ〕（　）
(5) 再生＝□活〔フッ〕（　）

3 次の太字の熟語の類義語を□から選び、漢字に直して書きなさい。（5点×8）

(1) 祖父の**遺品**を整理する。（　）
(2) 費用の**明細**を調べる。（　）
(3) 液体が**気化**する。（　）
(4) 商品の**値段**を調べる。（　）
(5) 外国との**通商**が盛《さか》んな国。（　）
(6) ショックで**気絶**する。（　）
(7) 多くの人が**同意**する。（　）
(8) 友人からの**音信**が途《と》絶《だ》える。（　）

かかく　しょうそく　しっしん　うちわけ
かたみ　じょうはつ　ぼうえき　さんせい

得点UP

2 (1)「難局」は「面倒《めんどう》で始末をつけるのが難しい場面」、(4)「名手」は「優《すぐ》れた腕前《うでまえ》の人」の意味。
3 (1)「遺品」は、「死んだ人があとに残した品物」の意味。

START　GOAL

対義語①

点
合格点：80点／100点

1 次の太字の熟語の対義語を□から選び、その読みがなを書きなさい。（6点×8）

(1) **安全**な場所に行く。（　　）
(2) 会への**加入**を決める。（　　）
(3) **苦痛**を伴《ともな》う。（　　）
(4) ライバルに**完敗**する。（　　）
(5) **共同**で作業する。（　　）
(6) 意外な**結果**が出る。（　　）
(7) 十二時に**集合**する。（　　）
(8) 申し出が**受理**される。（　　）

単独　解散　脱退　原因
却下　危険　圧勝　快楽

2 次の各組が対義語の関係になるように、（　）に入る漢字を、□から選んで書きなさい。（完答6点×4）

(1) （　）出↔（　）入
(2) （　）加↔（　）少
(3) （　）大↔（　）小
(4) （　）冷↔温（　）

拡　増　収　縮　寒　減　暖　支

3 次の熟語の対義語を、それぞれ〔　〕から選んで書きなさい。（7点×4）

(1) 難解〔難易　平易　困苦〕（　　）
(2) 運動〔着席　休息　静止〕（　　）
(3) 自然〔天然　人工　自生〕（　　）
(4) 全体〔部分　全部　片方〕（　　）

得点UP
❷ 対義語には、互《たが》いに反対の意味をもつ漢字を使っているものも多い。
❸ (1)「難易」は「難しさと易しさ」、「平易」は「易しくわかりやすいこと」、「困苦」は「困り苦しむこと」の意味。

START　GOAL

月　日

点

合格点：80点／100点

対義語②

1 次の太字の熟語の対義語を□から選び、漢字に直して書きなさい。（5点×8）

(1) 多くの**損失**が出る。（　）
(2) この機械は構造が**複雑**だ。（　）
(3) 入場を**禁止**する。（　）
(4) 実験に**失敗**する。（　）
(5) 薬品を**合成**する。（　）
(6) 先生が**理想**を語る。（　）
(7) 行方《ゆくえ》不明者の**生存**を確認《かくにん》する。（　）
(8) 物事の**内容**にこだわる。（　）

きょか　けいしき　げんじつ　ぶんかい
りえき　せいこう　しぼう　たんじゅん

2 次の熟語と対義語の関係になるように（　）に漢字を書き、できた熟語の読みがなを〔　〕に書きなさい。（完答7点×6）

(1) 正常↔（　）常……〔　〕
(2) 悲観↔（　）観……〔　〕
(3) 清潔↔（　）潔……〔　〕
(4) 進化↔（　）化……〔　〕
(5) 可決↔（　）決……〔　〕
(6) 悪意↔（　）意……〔　〕

3 次の太字の熟語の対義語を、漢字で書きなさい。（6点×3）

(1) **積極的**な姿勢で臨《のぞ》む。（　）
(2) 食料品を**生産**する。（　）
(3) 国民の**義務**を果たす。（　）

得点UP

❶ 文の中で太字の熟語の意味をとらえて、それと反対の意味をもつ言葉を探すとよい。
❷ (3)「清潔」と(5)「可決」の対義語は、否定の意味をもつ接頭語が付く。

まとめテスト③

点

合格点：80点／100点

1 次の漢字の部首名を（　）に書き、総画数を□に答えなさい。（3点×10）

(1) 宣（　　）・□画

(2) 郎（　　）・□画

(3) 項（　　）・□画

(4) 刺（　　）・□画

(5) 誤（　　）・□画

2 次の熟語と同じ構成の熟語を、〔　〕から選んで書きなさい。（5点×6）

(1) 否認《ひにん》（　　）

(2) 首尾《しゅび》（　　）

(3) 尊敬（　　）

(4) 快走（　　）

(5) 出願（　　）

(6) 人造（　　）

〔栄枯《えいこ》　甘言《かんげん》　軽薄《けいはく》　日照　無視　寄稿《きこう》〕

3 次の太字の中のカタカナを漢字で書き、三字熟語や四字熟語を完成させなさい。（4点×5）

(1) **雨モヨウ**の一日。（　　）

(2) **カンゴ師**になりたい。（　　）

(3) **カンリャク化**を図《はか》る。（　　）

(4) **一刀リョウダン**で決める。（　　）

(5) **イク同音**に反対される。（　　）

4 (1)・(2)は類義語を、(3)・(4)は対義語を、それぞれ〔　〕から選んで書きなさい。（5点×4）

(1) 形見＝〔親身　消息　遺品〕（　　）

(2) 方法＝〔手段　名案　説明〕（　　）

(3) 現実↔〔未来　希望　理想〕（　　）

(4) 利益↔〔損失　利害　失意〕（　　）

総復習テスト①

点

目標時間：20分　合格点：80点／100点

1 次の太字の漢字の読みがなを書きなさい。（2点×16）

(1) **鋭**い指摘《してき》を受ける。（　）
(2) 料金に税金を**含**む。（　）
(3) **恥**を忍《しの》んでお願いする。（　）
(4) 実力を**蓄**える。（　）
(5) 動かぬ**証拠**を示す。（　）
(6) **迫力**に欠ける映像。（　）
(7) 川の水が**警戒**水位を超《こ》す。（　）
(8) **慎重**に判断する。（　）
(9) 金銭の**出納**業務を行う。（　）
(10) 争いの**発端**となる出来事。（　）
(11) ア 表現の自由を**侵**す。（　）
　　イ ガーゼを消毒液に**浸**す。（　）
(12) ア 十年の**歳月**が流れる。（　）
　　イ お**歳暮**の礼状を書く。（　）
(13) ア タクシーを**捕**まえる。（　）
　　イ チャンスを**捕**らえる。（　）

2 次の漢字の部首名を（　）に書き、黒い部分は何画目に書くかを□に答えなさい。（2点×8）

(1) 慣（　）・□画目
(2) 迎（　）・□画目
(3) 被（　）・□画目
(4) 秘（　）・□画目

裏面へ

3 次の太字のカタカナを漢字で書きなさい。（2点×10）

(1) 夕日が水面に**ウツ**る。（　　）

(2) 気力を**フル**って戦いに挑《いど》む。（　　）

(3) **ヒタイ**に汗《あせ》して働く。（　　）

(4) ふと**ワレ**に返る。（　　）

(5) 日本国**ケンポウ**について学ぶ。（　　）

(6) 部外者の立ち入りは**ゲンキン**だ。（　　）

(7) 英語と同じ**ケイトウ**の言語。（　　）

(8) 有名企業《きぎょう》に**シュウショク**する。（　　）

(9) 姉の**センモン**は日本の古代史だ。（　　）

(10) **ゲンジョウ**に甘《あま》んじる。（　　）

4 次の太字のカタカナを漢字と送りがなで書きなさい。（4点×5）

(1) 前髪《まえがみ》を**タラス**。（　　）

(2) 両わきに付き人を**シタガエル**。（　　）

(3) 文章を半分の長さに**チヂメル**。（　　）

(4) 説明するのが**ムズカシイ**。（　　）

(5) 路上で遊ぶのは**アブナイ**。（　　）

5 次の二字熟語と同じ構成の熟語を、それぞれ〔　〕から選んで書きなさい。（3点×4）

(1) 経緯《けいい》〔是非《ぜひ》　詳細《しょうさい》　比較《ひかく》　液化〕（　　）

(2) 乾杯《かんぱい》〔淡色《たんしょく》　地震《じしん》　干満　迎春《げいしゅん》〕（　　）

(3) 敏腕《びんわん》〔激突《げきとつ》　雌雄《しゆう》　観劇　清潔〕（　　）

(4) 添加《てんか》〔無尽《むじん》　繁茂《はんも》　握手《あくしゅ》　異国〕（　　）

総復習テスト②

点

目標時間：20分　合格点：80点／100点

1 次の太字の漢字の読みがなを書きなさい。（2点×10）

(1) 汗《あせ》の**滴**がしたたる。（　　）

(2) 極《ごく》秘《ひ》情報が他社に**渡**る。（　　）

(3) 人の良心に**訴**える作品。（　　）

(4) 肉体を疲《ひ》労《ろう》が**襲**う。（　　）

(5) 手紙に**近況**を書く。（　　）

(6) 親の**権威**を示す。（　　）

(7) 中立的な立場を**維持**する。（　　）

(8) 犯人の逮《たい》捕《ほ》に**執念**を燃やす。（　　）

(9) まつたけを**珍重**する。（　　）

(10) **柔和**な顔立ちの仏像。（　　）

2 次の太字の漢字の特別な読み方を書きなさい。（4点×5）

(1) 生きた**心地**がしない。（　　）

(2) **五月晴**れの空を見上げる。（　　）

(3) **最寄**りの交番に届ける。（　　）

(4) 庭の**芝生**を刈《か》る。（　　）

(5) 友人から**土産**をもらう。（　　）

3 次の□□に入る漢字を書き、四字熟語を完成させなさい。（3点×4）

(1) 委員長の指示は**朝令**□□だ。（　　）

(2) **一日**□□の思いで待つ。（　　）

(3) □□**引水**の意見には賛成しかねる。（　　）

(4) □□**知新**の考えは大切だ。（　　）

裏面へ

4 次のカタカナを漢字で書きなさい。（2点×16）

(1) 未経験者を**ノゾ**く。（　　）

(2) **マド**を開けて空気を入れ換《か》える。（　　）

(3) 初日の出を**オガ**む。（　　）

(4) 小学校のころの恩師を**タズ**ねる。（　　）

(5) **ヤチン**の相場が高い。（　　）

(6) **ザッコク**入りのもちを食べる。（　　）

(7) **エンゲキブ**で活躍《かつやく》する。（　　）

(8) 彼女《かのじょ》は**ゼンリョウ**な人間だ。（　　）

(9) せき止めを**ショホウ**される。（　　）

(10) 電話の**オウタイ**が得意だ。（　　）

(11)
ア **ソウゾウ**を絶する光景。（　　）
イ 新たな文化を**ソウゾウ**する。（　　）

(12)
ア **テキセイ**な評価をする。（　　）
イ **テキセイ**検査を受ける。（　　）

(13)
ア 「ごめんなさい。」と**アヤマ**る。（　　）
イ 機械の操作を**アヤマ**る。（　　）

5 各組が、(1)～(4)は類義語、(5)～(8)は対義語の関係になるように、（　）に入る漢字を書きなさい。（2点×8）

(1) 用意＝（　）備

(2) 関心＝（　）味

(3) 再生＝（　）活

(4) 価格＝（　）段

(5) 平易↔（　）解

(6) 権利↔（　）務

(7) 安全↔危（　）

(8) 死亡↔生（　）

中1 漢字・語句

解答編
ANSWERS

No.01 小学校漢字の読み

❶
(1)かま
(2)えんがん
(3)こきゅう
(4)せんとう
(5)むしゃ
(6)よ
(7)いよく
(8)すいちょく
(9)おんだん
(10)ばくふ
(11)だいきぼ
(12)きちょう
(13)てんのう
(14)そうがく
(15)そうじゅう
(16)りんじ
(17)わけ
(18)ひほう
(19)はいご
(20)せいざ

No.02 小学校漢字の書き

❶
(1)幹
(2)順序
(3)経験
(4)宿舎
(5)留守番
(6)胸囲
(7)実際
(8)弁当
(9)県庁
(10)条件
(11)技術
(12)疑問点
(13)同窓会
(14)腹痛
(15)制限
(16)死亡者
(17)延期
(18)姿勢
(19)性格
(20)輸入

No.03 一字漢字の読み①

❶
(1)みな
(2)お
(3)くも
(4)ふる
(5)しずく
(6)ふ
(7)ぬ
(8)となり
(9)さ
(10)さ
(11)はら
(12)かく
(13)あせ
(14)ゆか
(15)ねむ
(16)だま
(17)かみなり
(18)さけ
(19)ふ
(20)か

No.04 一字漢字の読み②

❶
(1)こし
(2)に
(3)たが
(4)おどろ
(5)おど
(6)お
(7)おに
(8)おく
(9)くわ
(10)いの
(11)むすめ
(12)と
(13)ぬす
(14)するど
(15)ぬま
(16)さら
(17)し
(18)すす
(19)つ
(20)か

No.05 一字漢字の読み③

❶
(1)あつか
(2)つばさ
(3)なな
(4)は
(5)つか
(6)そ
(7)えが
(8)ふく
(9)いか
(10)こ
(11)かたむ
(12)たず
(13)つぶ
(14)こ
(15)せ
(16)にぎ
(17)わた
(18)くさり
(19)つか
(20)あと

解説 ❶(5)「遣《つか》う」は、「心を働かせる」の意味。

No.06 一字漢字の読み④

❶
(1)うった
(2)ぬ
(3)す
(4)たたみ
(5)か
(6)あざ
(7)とうげ
(8)さ
(9)す
(10)にご
(11)こ
(12)はじ
(13)ふ
(14)なや
(15)かざ
(16)たお
(17)め
(18)おく
(19)うかが
(20)めずら

解説 ❶(19)「伺《うかが》う」は、「お聞きする」の意味で、謙譲語《けんじょうご》。

No.07 一字漢字の読み⑤

❶
(1)かわ
(2)あわ
(3)つ
(4)たくわ
(5)か
(6)いそが
(7)かがや
(8)ま
(9)こわ
(10)くさ
(11)か
(12)おと
(13)う
(14)ぼん
(15)と
(16)か
(17)さわ
(18)た
(19)おそ
(20)ふ

解説 ❶(8)「舞」には、「まい」という訓読みもある。

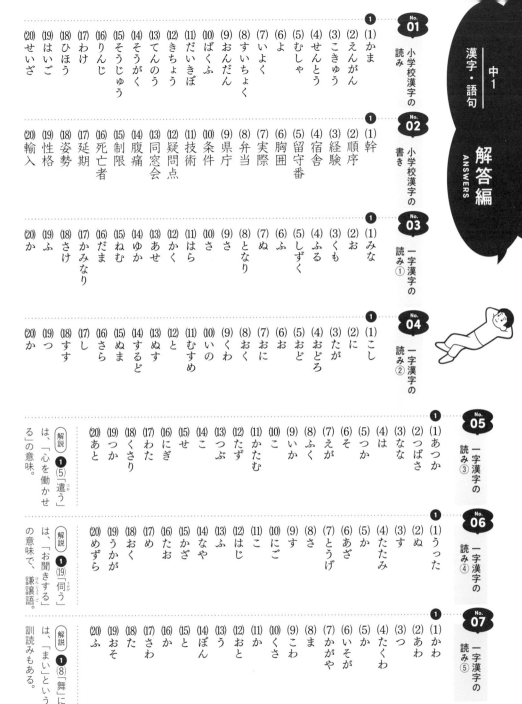

No.08 熟語の読み①

1

(1) かし
(2) はんにゅう
(3) ていこう
(4) おうえん
(5) はっくつ
(6) きんきょう
(7) きゃくほん
(8) のきさき
(9) もはん
(10) しょうこ
(11) かべがみ
(12) そくざ
(13) とちゅう
(14) ももいろ
(15) かのじょ
(16) しはん
(17) せんぱい
(18) けんじつ
(19) めいわく
(20) こうげき

解説 **1** (10)「拠」には、「キョ」という音読みもある。

No.09 熟語の読み②

1

(1) しゅくはい
(2) えんとつ
(3) うすむらさき
(4) けんとう
(5) ばくはつ
(6) かみがた
(7) さっとう
(8) がまん
(9) ぼうし
(10) げじゅん
(11) しょうかい
(12) ゆうしゅう
(13) れんさい
(14) かんそう
(15) はくしゅ
(16) かんきょう
(17) むじゅん
(18) あさぎり
(19) ふきゅう
(20) はくりょく

解説 **1** (1)「祝杯《しゅくはい》」は、「祝いの酒を飲む杯《さかずき》」の意味。

No.10 熟語の読み③

1

(1) びねつ
(2) どうたい
(3) ひとがら
(4) かたはば
(5) ふんすい
(6) へいぼん
(7) ねんれい
(8) かいとうらん
(9) しゅう
(10) きょり
(11) れんらくもう
(12) ひさいち
(13) ぼうけん
(14) きおくりょく
(15) ひかく
(16) けいかい
(17) はいりょ
(18) けんい
(19) えいきょう
(20) だいきょう

解説 **1** (1)「微」は、形の似た「徴（チョウ）」と区別する。

No.11 熟語の読み④

1

(1) ぎょうぎ
(2) とくちょう
(3) かつやく
(4) めいよ
(5) しんちょう
(6) どれい
(7) きみょう
(8) けいい
(9) いじ
(10) ぜひ
(11) いどみず
(12) せんぷうき
(13) びんわん
(14) あまざけ
(15) いらい
(16) こうい
(17) けいぞく
(18) もうじゅう
(19) かいひん
(20) ちえ

解説 **1** (9)「維」は、形の似た「推（スイ）」と区別して読む。

No.12 熟語の読み⑤

1

(1) かんしょう
(2) なみだごえ
(3) たいくつ
(4) ぎょかくりょう
(5) いんれき
(6) いっしゅん
(7) ちりょう
(8) きょうふしん
(9) たいしょう
(10) きばん
(11) しょうきゃく
(12) あらなみ
(13) いっち
(14) はんも
(15) いなびかり
(16) だいじょうぶ
(17) かんげいかい
(18) しぼうぶん
(19) がくぶち
(20) しゅうねん

解説 **1** (15)「いねひかり」と読まない。

No.13 特別な読み方

1

(1) けさ
(2) ゆきげしき
(3) めがね
(4) もよ
(5) はかせ
(6) かわら
(7) たなばた
(8) むすこ
(9) さつきばれ
(10) えがお
(11) つゆ
(12) くだもの
(13) もみじ
(14) ここち
(15) いわしみず
(16) やおや
(17) しっぽ
(18) はたち
(19) まいご
(20) てつだ

解説 **1** (2) 上に「雪」があるので、「げしき」と濁《にご》る。

No.14 複数の音読みをもつ漢字

1

(1) **ア** そうち　**イ** いしょう
(2) **ア** じこ　**イ** ちき
(3) **ア** いしょ　**イ** ゆいごんじょう
(4) **ア** こうはく　**イ** しんく
(5) **ア** しょばつ　**イ** ばちあ
(6) **ア** どしゃ　**イ** さきゅう
(7) **ア** ねぼう　**イ** ぼっ
(8) **ア** なっとう　**イ** のうにゅう
(9) **ア** さいげつ　**イ** せいぼ
(10) **ア** ごようけん　**イ** せいぎょ

解説 **1** (4) **イ**「真《しん》紅《く》」は「真《ま》っ赤《か》」の意味。

No.15 複数の訓読みをもつ漢字

❶
(1) アおそ イおく
(2) アつか イと
(3) アと イは
(4) アに イのが
(5) アたよ イたの
(6) アし イうらな
(7) アせま イせば
(8) アいだ イだ ウかか
(9) アひ イはず ウたま

解説 ❶(8)アの文の場合、「だ(く)」とは読まない。

No.16 誤りやすい読み①

❶
(1) なか
(2) ほんもう
(3) じゃっかんめい
(4) かせん
(5) あっかん
(6) ちまなこ
(7) くめん
(8) ぎょうそう
(9) げし
(10) ぞうごん
(11) けしん
(12) かたき
(13) さはんじ
(14) すいとう
(15) いくさ
(16) ていさい
(17) はたお
(18) さっそく
(19) あたい
(20) ごうきゅう

解説 ❶(15)「戦《いくさ》」は「戦い」の古い言い方。

No.17 誤りやすい読み②

❶
(1) ちんちょう
(2) かいどう
(3) ごくい
(4) ほったん
(5) けびょう
(6) ほうふ
(7) すじょう
(8) ざっとう
(9) ばくろ
(10) にゅうわ

❷
(1) アあやつ イく
(2) アちが イえら
(3) アよご イく
(4) アおか イひた
(5) アげいごう イぎょうてん

解説 ❶(10)「ジュウワ」と間《ま》違《ちが》えやすいので注意。

No.18 まとめテスト①

❶
(1) ふ
(2) くわ
(3) かたむ
(4) あざ
(5) こわ
(6) ゆか
(7) かつやく
(8) とちゅう
(9) さっとう
(10) ひかく
(11) いらい
(12) いっち
(13) ていさい
(14) ばくろ
(15) アよご イく
(16) アしょばつ イばちあ
(17) アおそ イおく

解説 ❶形の似た(9)「到」と(12)「致」を読み分ける。

No.19 一字漢字の書き①

❶
(1) 干
(2) 映
(3) 筋
(4) 絶
(5) 熟
(6) 示
(7) 久
(8) 私
(9) 棒
(10) 任
(11) 巻
(12) 裏
(13) 常
(14) 射
(15) 過
(16) 効
(17) 暮
(18) 妻
(19) 班
(20) 頂

解説 ❶(11)「巻」は形の似た「券」と書かないように。

No.20 一字漢字の書き②

❶
(1) 貸
(2) 質
(3) 泉
(4) 舌
(5) 乳
(6) 仏
(7) 増
(8) 刻
(9) 移
(10) 延
(11) 張
(12) 奮
(13) 責
(14) 骨
(15) 損
(16) 断
(17) 宅
(18) 城
(19) 源
(20) 針

解説 ❶(16)同訓異字の「絶つ」「裁つ」と書かないように。

No.21 一字漢字の書き③

❶
(1) 編
(2) 保
(3) 拝
(4) 厚
(5) 布
(6) 我
(7) 燃
(8) 精
(9) 沿
(10) 銅
(11) 机
(12) 余
(13) 絹
(14) 貧
(15) 桜
(16) 済
(17) 支
(18) 洗
(19) 群
(20) 異

解説 ❶(4)同訓異字の「熱い」「暑い」と書かないように。

No.22 一字漢字の書き④

❶
(1)寄 (2)限 (3)呼 (4)仮 (5)胸 (6)豊 (7)穴 (8)築 (9)混 (10)招 (11)枝 (12)織 (13)肥 (14)降 (15)夢 (16)罪 (17)卵 (18)迷 (19)厳 (20)除

解説 ❶(17)「卵」は、鶏卵《けいらん》を指す場合は「玉子」とも書く。

No.23 一字漢字の書き⑤

❶
(1)設 (2)似 (3)晩 (4)解 (5)非 (6)背 (7)比 (8)吸 (9)裁 (10)覧 (11)居 (12)窓 (13)情 (14)盛 (15)値 (16)境 (17)墓 (18)捨 (19)防 (20)幕

解説 ❶(5)「非」は同音異字「否」と書かないように。

No.24 一字漢字の書き⑥

❶
(1)許 (2)述 (3)徳 (4)綿 (5)暴 (6)縦 (7)減 (8)興 (9)蚕 (10)宝 (11)俵 (12)独 (13)富 (14)至 (15)破 (16)額 (17)腹 (18)慣 (19)訪 (20)訳

解説 ❶(7)「減」のつくりの部分を「或」と書かないように。

No.25 熟語の書き①

❶
(1)故郷 (2)直視 (3)肺活量 (4)承認 (5)片方 (6)評判 (7)宇宙 (8)将来 (9)親孝行 (10)防衛省 (11)群集 (12)測定 (13)家賃 (14)出版社 (15)誕生 (16)提供 (17)寸法 (18)街路樹 (19)賛成 (20)宗教

解説 ❶(17)「寸法」は、「物の長さ」の意味。

No.26 熟語の書き②

❶
(1)改革 (2)分割 (3)規則 (4)尊敬 (5)厳禁 (6)砂糖 (7)負傷 (8)補強 (9)格段 (10)批判 (11)内閣 (12)権利 (13)省略 (14)個展 (15)年賀状 (16)簡単 (17)敵対 (18)推理 (19)検討 (20)秘密

解説 ❶(17)「敵」は、同音異字「適・滴・摘」に注意。

No.27 熟語の書き③

❶
(1)大河 (2)灰色 (3)平均 (4)奏者 (5)資料 (6)政党 (7)憲法 (8)翌日 (9)団結 (10)価値観 (11)先祖 (12)清潔 (13)善良 (14)許可 (15)処理 (16)仁義 (17)担任 (18)存在 (19)否定 (20)同盟

解説 ❶(13)「善」は「羊」の部分を正しく書くように。

No.28 熟語の書き④

❶
(1)利益 (2)拡大 (3)別冊 (4)俳句 (5)血液型 (6)探求 (7)対策 (8)下降 (9)適応 (10)系統 (11)酸素 (12)枚数 (13)貿易 (14)郵便物 (15)法律 (16)税関 (17)口紅 (18)歌詞 (19)従属 (20)指揮

解説 ❶(8)「下降」は、同音異義語「加工」と書かないように。

No.29 熟語の書き⑤

❶
(1) 謝罪
(2) 雑穀
(3) 保護
(4) 模型
(5) 誠実
(6) 著名
(7) 閉口
(8) 財産
(9) 忠告
(10) 宣伝
(11) 議論
(12) 故障
(13) 潮風
(14) 準備
(15) 尺度
(16) 看病
(17) 乳製品
(18) 筋肉
(19) 派生
(20) 朗読

解説 ❶(19)「派生」は「元になるものから分かれ出ること」。

No.30 熟語の書き⑥

❶
(1) 面識
(2) 地域
(3) 警察署
(4) 災害
(5) 情報誌
(6) 地層
(7) 恩師
(8) 鋼鉄
(9) 就職
(10) 演劇部
(11) 混乱
(12) 独創的
(13) 諸国
(14) 要領
(15) 並木
(16) 聖火
(17) 磁石
(18) 永久
(19) 頭脳
(20) 皇后

解説 ❶(3)「署」は同じ部分をもつ「著」と書かないこと。

No.31 送りがな①

❶
(1) 割れる
(2) 確かめる
(3) 縮める
(4) 並べる
(5) 危ない
(6) 染める
(7) 快い
(8) 勢い
(9) 敬う
(10) 断る
(11) 営む
(12) 若い
(13) 補う
(14) 激しい
(15) 暖かい
(16) 盛ん
(17) 幼い
(18) 蒸らす
(19) 険しい
(20) 預かる

解説 ❶(16)「盛ん」は、「熱心に行われる」の意味。

No.32 送りがな②

❶
(1) 尊い(貴い)
(2) 退ける
(3) 率いる
(4) 逆らう
(5) 探す
(6) 再び
(7) 従える
(8) 忘れる
(9) 垂らす
(10) 認める
(11) 難しい
(12) 導く
(13) 疑う
(14) 届ける
(15) 乱れる
(16) 耕す
(17) 欲しい
(18) 秘める
(19) 志す
(20) 閉める

解説 ❶(1)「尊い(貴い)」は「たっとい」とも読む。

No.33 同訓異字

❶
(1) **ア** 皮 **イ** 革
(2) **ア** 誤 **イ** 謝
(3) **ア** 優 **イ** 易
(4) **ア** 痛 **イ** 傷
(5) **ア** 備 **イ** 供
(6) **ア** 現 **イ** 表 **ウ** 著
(7) **ア** 務 **イ** 努 **ウ** 勤
(8) **ア** 収 **イ** 修 **ウ** 納 **エ** 治

解説 ❶(5)**ア**「備える」は、「前もって用意する」の意味。

No.34 同音異義語①

❶
(1) **ア** 解放 **イ** 開放
(2) **ア** 工程 **イ** 行程
(3) **ア** 対象 **イ** 対照
(4) **ア** 精算 **イ** 清算
(5) **ア** 想像 **イ** 創造
(6) **ア** 異動 **イ** 移動 **ウ** 異同
(7) **ア** 個人 **イ** 古人 **ウ** 故人
(8) **ア** 過程 **イ** 家庭 **ウ** 仮定 **エ** 課程

解説 ❶(2)**イ**「行程」は「目的地までの道のり」の意味。

No.35 同音異義語②

❶
(1) **ア** 異議 **イ** 意義
(2) **ア** 適性 **イ** 適正
(3) **ア** 改心(回心) **イ** 会心
(4) **ア** 採決 **イ** 採血
(5) **ア** 不純 **イ** 不順
(6) **ア** 構成 **イ** 厚生
(7) **ア** 操業 **イ** 創業
(8) **ア** 試行 **イ** 志向(指向) **ウ** 思考
(9) **ア** 関心 **イ** 感心 **ウ** 寒心

解説 ❶(4)**ア**は、「裁決」と書かないこと。

No.36 誤りやすい書き①

❶
(1) 大
(2) 台
(3) 固有
(4) 検査
(5) 旧態
(6) 予断
(7) 始末
(8) 専門
(9) 特技
(10) 応対
(11) 非難(批難)
(12) 一堂
(13) 意外
(14) 縮小
(15) 処方
(16) 決選
(17) 成績
(18) 体制
(19) 風紀
(20) 局面

解説 ❶(6)「予断」は、「前もって判断すること」の意味。

No.37 誤りやすい書き②

❶
(1) 仮装
(2) 特異
(3) 現状
(4) 劇薬
(5) 収集
(6) 軽率
(7) 難易度
(8) 悲観
(9) 眼前
(10) 週刊誌

❷
(1) **ア** 原因 **イ** 貧困
(2) **ア** 講義 **イ** 構造
(3) **ア** 証券 **イ** 巻末
(4) **ア** 貯蔵 **イ** 臓器
(5) **ア** 往復 **イ** 複雑

解説 ❷(5)「フク」は同音異字「腹」にも注意。

No.38 まとめテスト②

❶
(1) 裏
(2) 刻
(3) 卵
(4) 裁
(5) 看病
(6) 評判
(7) 秘密
(8) 郵便物
(9) 軽率
(10) 収集
(11) **ア** 貧困 **イ** 原因
(12) **ア** 厚生 **イ** 構成
(13) **ア** 移動 **イ** 異同 **ウ** 異動
(14) **ア** 勤 **イ** 務 **ウ** 努

解説 ❶(11) **ア**「困」は、訓読み「こま(る)」も覚える。

No.39 部首・画数

❶
(1) 扌・てへん
(2) 頁・おおがい
(3) 宀・うかんむり
(4) 氵・さんずい
(5) 走・そうにょう
(6) 囗・くにがまえ
(7) 广・まだれ
(8) 凵・うけばこ

❷
(1) 3 (2) 10
(3) 4 (4) 11
(5) 10 (6) 12

❸
(1) 糸・6
(2) 阝・3
(3) 辶・3
(4) 食・8
(5) 見・7
(6) ⺮・6

解説 ❷(5)「子」は3画、(6)「廿」は4画で書く。❸(2)「阝」、(3)「辶」と3画で書く。

No.40 部首・画数・筆順①

❶
(1) 手
(2) 雨
(3) 肉
(4) 亻
(5) 日

❷
(1) 郎
(2) 突
(3) 酸
(4) 冊

❸
(1) 壱
(2) 盾
(3) 菓

❹
(1) **ア**
(2) **イ**
(3) **イ**
(4) **ア**

解説 ❷部首はそれぞれ(1)「阝」、(2)「穴」、(3)「酉」、(4)「冂」である。❸(1)7画、(2)9画、(3)11画の漢字を選ぶ。

No.41 部首・画数・筆順②

❶
(1) 禾・のぎへん
(2) 忄・りっしんべん
(3) 廴・えんにょう
(4) 刂・りっとう

❷
(1) **カ** (2) **イ**
(3) **エ** (4) **オ**
(5) **ア** (6) **ウ**

❸
(1) 3 (2) 5
(3) 6 (4) 4
(5) 7 (6) 10

❹
(1) 5
(2) 1
(3) 4
(4) 5
(5) 6
(6) 7

解説 ❸部首は、(1)「戈」、(3)「木」、(6)「行」である。❹(5)貫《つらぬ》く横画は最後に書く。

No.42 二字熟語の構成①

❶
(1) 勤務
(2) 干満
(3) 快走
(4) 観劇
(5) 人造
(6) 非常
(7) 第一
(8) 液化

❷
(1) 短気
(2) 地震
(3) 握手
(4) 表裏
(5) 不安

❸
(1) 添 (2) 較
(3) 善 (4) 潔
(5) 尊 (6) 薄

解説 ❷構成は、(2)「上下が主語・述語」、(3)「下が上の動作の対象」、(4)「上下が反対の意味」、(5)「上が下を打ち消す」。

No.43 二字熟語の構成②

❶ (1)はんも (2)ゆうれつ (3)げきとつ (4)きこう (5)にっしょう (6)むじん (7)きしゃ (8)きゅうせい

❷ (1)否認 (2)乾杯 (3)詳細 (4)敏腕

❸ 雌雄・首尾・栄枯・浮沈・経緯・賞罰
（順不同）

解説 ❷(1)「否認《ひにん》」は「上が下を打ち消す」構成で、ほかは「上下が反対の意味」。❸「経緯《けいい》」は、「いきさつ」の意味。

No.44 三字熟語①

❶ (1)ろうきゅうか (2)わがし (3)とうしょらん (4)むぞうさ (5)いしょくじゅう (6)しんぱくすう (7)さっちゅうざい (8)かんごし

❷ (1)準 (2)博 (3)極 (4)骨 (5)模 (6)散 (7)頂 (8)念 (9)漢 (10)留 (11)樹 (12)過

解説 ❶(1)「化」は接尾《せつび》語。(4)「無」は否定の接頭語。❷(4)「屋台骨」は「組織を支える中心となるもの」の意味。

No.45 三字熟語②

❶ (1)びせいぶつ・こうせいのう (2)せんぷうき・ちめいしょう (3)しんぎたい・せっげっか（せつげつか）

❷ (1)非 (2)観 (3)不 (4)化 (5)無 (6)性 （(1)～(3)は順不同）

❸ (1)新幹線 (2)前評判 (3)殺風景 (4)最高潮 (5)水蒸気 (6)紅一点 (7)無条件 (8)千里眼 (9)有意義 (10)立候補

No.46 四字熟語①

❶ 平身低頭・利害得失・有名無実・花鳥風月・朝令暮改・自由自在・自業自得・大同小異
（順不同）

❷ (1)一・一 (2)千・万 (3)十・十 (4)一・千 (5)二・三 (6)一・二

❸ (1)しゅかくてんとう（しゅきゃくてんとう） (2)れんさはんのう (3)ばじとうふう (4)ちゅうとはんぱ (5)あくせんくとう

❹ (1)臨機 (2)我田 (3)絶後 (4)晴耕

No.47 四字熟語②

❶ (1)体 (2)単 (3)機 (4)口

❷ (1)棒 (2)断 (3)故 (4)乱 (5)報 (6)夢

❸ (1)日進 (2)晩成 (3)地異 (4)未聞 (5)以心 (6)半疑 (7)起承 (8)末節 (9)回生 (10)油断

解説 ❷(3)「温故知新」は、「昔のことを研究して、新しい知識や方法を見つけること」の意味。

No.48 類義語①

❶ (1)じゅんび (2)こうじょう (3)じじょう (4)びてん (5)たんしょ (6)しゅだん (7)めいれい (8)たかい

❷ (1)無事 (2)考査 (3)興味

❸ (1)密 (2)養 (3)態 (4)創 (5)異 (6)推

解説 ❶類義語は複数あることも多い。例えば、(8)はほかに「死亡」「死《し》没《ぼつ》」「永眠《えいみん》」「逝去《せいきょ》」など。

No.49 類義語②

❶ (1)案 (2)省 (3)著 (4)屋 (5)熟 (6)快

❷ (1)境 (2)損 (3)在 (4)達 (5)復

❸ (1)形見 (2)内訳 (3)蒸発 (4)価格 (5)貿易 (6)失神 (7)賛成 (8)消息

解説 ❸(3)「気化」と「蒸発」は「液体から気体になること」、(6)「気絶」と「失神」は「気を失うこと」で、近い意味をもつ。

No.50 対義語①

❶
(1)きけん
(2)だったい
(3)かいらく
(4)あっしょう
(5)たんどく
(6)げんいん
(7)かいさん
(8)きゃっか

❷
(1)支・収
(2)増・減
(3)拡・縮
(4)寒・暖

❸
(1)平易
(2)静止
(3)人工
(4)部分

解説 ❷(3)「増大」にすると、対義語は「減少」になるので、「(　)小」に合わない。
❸(3)「天然」は「自然」の類義語。

No.51 対義語②

❶
(1)利益
(2)単純
(3)許可
(4)成功
(5)分解
(6)現実
(7)死亡
(8)形式

❷
(1)異・いじょう
(2)楽・らっかん
(3)不・ふけつ
(4)退・たいか
(5)否・ひけつ
(6)善・ぜんい

❸
(1)消極的
(2)消費
(3)権利

解説 ❷(1)「正・異」、(2)「悲・楽」、(4)「進・退」、(6)「悪・善」のように、一字が反対の意味をもつものも多い。

No.52 まとめテスト③

❶
(1)うかんむり・9
(2)おおざと・9
(3)おおがい・12
(4)りっとう・8
(5)ごんべん・14

❷
(1)無視
(2)栄枯
(3)軽薄
(4)甘言
(5)寄稿
(6)日照

❸
(1)模様
(2)看護
(3)簡略
(4)両断
(5)異口

❹
(1)遺品
(2)手段
(3)理想
(4)損失

解説 ❶(2)「こざとへん(陸)」に注意。

No.53 総復習テスト①

❶
(1)するど
(2)ふく
(3)はじ
(4)たくわ
(5)しょうこ
(6)はくりょく
(7)けいかい
(8)しんちょう
(9)すいとう
(10)ほったん
(11)**ア**おか　**イ**ひた
(12)**ア**さいげつ　**イ**せいぼ
(13)**ア**つか　**イ**と

❷
(1)りっしんべん・3
(2)しんにょう(しんにゅう)・4

❸
(1)映
(2)奮
(3)額
(4)我
(5)憲法
(6)厳禁
(7)系統
(8)就職
(9)専門
(10)現状

❹
(1)垂らす
(2)従える
(3)縮める
(4)難しい
(5)危ない

❺
(1)是非
(2)迎春
(3)激突
(4)繁茂

❷（続き）
(3)ころもへん・6
(4)のぎへん・7

解説 ❷(1)「忄」は、「丶 丶丶 忄」と書く。
❺(1)「経緯《けいい》」と「是非《ぜひ》」は「上下が反対の意味」。

No.54 総復習テスト②

❶
(1)しずく
(2)わた
(3)うった
(4)おそ
(5)きんきょう
(6)けんい
(7)いじ
(8)しゅうねん
(9)ちんちょう
(10)にゅうわ

❷
(1)ここち
(2)さつきば
(3)もよ
(4)しばふ
(5)みやげ

❸
(1)暮改
(2)千秋
(3)我田
(4)温故

❹
(1)除
(2)窓
(3)拝
(4)訪
(5)家賃
(6)雑穀
(7)演劇部
(8)善良
(9)処方
(10)応対
(11)**ア**想像　**イ**創造
(12)**ア**適正　**イ**適性
(13)**ア**謝　**イ**誤

❺
(1)準
(2)興
(3)復
(4)値
(5)難
(6)義
(7)険
(8)存

解説 ❸(1)「朝令暮改」は「規則などがすぐに変わりあてにならないこと」。(3)「我《が》田引水《でんいんすい》」は「自分に都合がいいように言ったりしたりすること」。